中国仲裁法学研究会 2022 年度重点研究课题

U1002735

仲裁司法审查研究报告

中国仲裁法学研究会
北京市华贸硅谷律师事务所课题组 主编

对外经济贸易大学出版社
中国 • 北京

图书在版编目（CIP）数据

仲裁司法审查研究报告 / 中国仲裁法学研究会，北京市华贸硅谷律师事务所课题组主编 .-- 北京 : 对外经济贸易大学出版社 , 2024. 9. --ISBN 978-7-5663-2634-8

Ⅰ. D925.704

中国国家版本馆 CIP 数据核字第 2024BU4551 号

仲裁司法审查研究报告

中国仲裁法学研究会　北京市华贸硅谷律师事务所课题组　主编

责任编辑： 邸蓓蓓

助理编辑： 翟孟欣

出版发行：对外经济贸易大学出版社

社　　址：北京市朝阳区惠新东街 10 号

网　　址：www.uibep.com

资源网址：www.uibepresources.com

邮政编码：100029

邮购电话：010－64492338

发行部电话：010－64492342

E-mail：uibep@126.com

成品尺寸：170mm×240mm

印　　张：12

字　　数：150 千字

ISBN 978-7-5663-2634-8

印　　刷：北京时代华都印刷有限公司

版　　次：2024 年 9 月北京第 1 版

印　　次：2024 年 9 月第 1 次印刷

定　　价：48.00 元

《仲裁司法审查研究报告》课题组成员

（排名不分先后）

张丽霞　田锐华　许茹英　薛　源

章杰超　王　瑛　沈　健　杨元庆

李　灵　姚　宇　李沐泽　张　信

顾春香　胡晓峰　李雅鑫

序　言

（作者：王利明）

商事仲裁是现代社会不可或缺的纠纷解决机制，作为国际通行的争端解决方式，仲裁也是我国社会治理体系中多元解纷机制的重要组成部分。仲裁源于当事人意思自治，与诉讼制度相比，其具有灵活、高效、保密等特性，并能够为当事人提供跨境执行的便利，因此越来越受到商事主体的青睐。仲裁也是我国法治建设的重要环节，在打造法治化营商环境中发挥着重要作用。

仲裁事业的发展实践证明，司法与仲裁之间的互动关系决定了仲裁发展的方向与速度。仲裁机制的有效运转离不开司法的大力支持，司法通过仲裁保全措施、仲裁裁决执行等制度为仲裁的执行力提供加持；同时，仲裁制度的有序发展也离不开司法的适度监督，司法通过仲裁协议效力确认之诉、仲裁裁决撤销及不予执行等制约机制，也可以有效规范仲裁制度的发展。司法对仲裁的良性支持与监督，是完善仲裁制度、提高仲裁公信力、坚定不移走中国特色社会主义仲裁发展道路的重要支柱。自仲裁法实施以来，最高人民法院通过颁布多项仲裁司法解释、发布仲裁司法审查指导性案例等方式，不断统一仲裁司法审查的裁判标准，并积极回应仲裁制度新的发展趋势。随着我国司法支持仲裁的立场愈发明确，司法审查对私权自治与公权干预、支持仲裁与监督仲裁之间的动态平衡掌握得愈发成熟。当下正值我国仲裁法修订之际，也是总结过去近三十年间仲裁司法审查经验的重要时机。

本书以中国仲裁法学研究会2022年度重点研究课题“仲裁司法审查研究”的成果为基础，探讨了仲裁法实施以来的主要司法审查焦点问题。课题组成员涵盖了仲裁理论与实务界工作者，从多元化的视角研究了仲裁司法审查问题。本书共有五章，第一章是对仲裁司法审查制度的概述；第二、三章分别从“仲裁意思自治”“仲裁结果”两个角度对仲裁协议效力、裁决作出后的救济制度予以研究，体现出司法对仲裁由“始”至“终”的审查；第四、五章分别论述了涉外仲裁、临时措施的司法审查，既体现了我国作为《纽约公约》缔约国就商事仲裁的支持与监督，又分析了国际仲裁制度在我国本土化过程中面临的机遇与挑战。

本书的编写凝聚了我国近三十年来的仲裁理论与实践经验，梳理了贯穿于仲裁全生命周期的司法审查制度体系，为我国仲裁司法审查赋予了新的视角和观点。本书的出版不仅对规范全国仲裁司法审查裁判具有现实意义，对仲裁法律制度的修订完善具有启示作用，还有助于在国际仲裁平台中展示仲裁司法审查的中国经验，并进一步推进我国国际商事仲裁中心建设、提升我国涉外法律服务能力。

是为序。

引 言

（作者：张丽霞）

司法审查是商事仲裁良性、可持续发展不可或缺的重要环节，也是提升仲裁公信力和权威性的力量源泉。我国人民法院不仅为仲裁提供了强有力的司法支持，也为仲裁的不断完善发展提供了有效的司法监督。司法与仲裁之间的良性互动，推动了司法权力机关与仲裁从业工作者之间的理论与实务交流，促进仲裁职业共同体对司法审查动态、裁判尺度的统一理解，有助于我国商事仲裁业态的健康发展。

实践中，仲裁司法审查涉及了诸多内容，如对仲裁协议、仲裁裁决和仲裁临时措施的司法审查；在跨境纠纷中还面临着十分复杂的国际因素。本书结合我国仲裁法实施以来在实践中遇到的问题及回应，旨在对错综复杂的仲裁司法审查问题进行梳理、总结，并尝试在当前仲裁法修订的大背景下，就仲裁司法审查相关问题的解决赋予新的视角和方案。

具体而言，本书主要围绕对仲裁意思自治、仲裁结果、涉外仲裁和仲裁临时措施的司法审查四大板块展开研究。第一章通过对境内外仲裁司法审查的实践发展进行梳理与对比，提炼中国特色仲裁司法审查之特点，并进一步剖析仲裁司法审查制度的正向作用及必要性。第二、三章则分别以仲裁司法审查对象类型为界分，划分为对仲裁意思自治、对仲裁结果的司法审查。其中，对仲裁意思自治的司法审查围绕仲裁的基石——仲裁协议展开，先后探讨了我国仲裁法下仲裁协议的法定要件、常见的仲裁协议效力争议类型、仲裁协议对非签字方的约束力及仲裁协议的放弃等实践争议焦点问题；对仲裁结果的司法审查主要是针对裁决作出后的救济制度，具体剖析了仲裁裁决的撤销与不予执行制度，并以此为基础探讨对仲裁裁决司法审查单、双轨制的选择与完善。其中，特别结合当前仲裁案外人权益救济困境，对与仲裁案外人权益救济相关的现行法律制度及其实践效果、完善机制予以探讨。本书第四章是关于对涉外仲裁裁决的司法审查，分为对外国裁决的承认与执行、内地与港澳台之间仲裁裁决的认可与执行两个部分，详述涉外仲裁裁决承认与执行的法律依据、审查要点及实践现状，深入分析相关典型案例。第五章结合仲裁临时措施的不同种类、决定主体，从比较法视角看对临时措施的司法审查，横向比较我国内地、涉港澳、域外仲裁临时措施之间司法审查的区别与联系，并特别就紧急仲裁员制度的性质、意义进行探讨。

本书是中国仲裁法学研究会 2022 年度重点研究课题“仲裁司法审查研究”的成果，课题组成员既包括仲裁员、律师、仲裁秘书等实务工作者，又包括学者、博士生等理论研究工作者，其中不少成员也在北京市华贸硅谷律师事务所执业。各个成员结合其在仲裁实践与理论工作中的经验，为本书的出版贡献了宝贵的视角及观点。

2024 年是我国仲裁法颁布的三十周年，也是北京市华贸硅谷律师事务所成立的三十周年。值此之际，本书的出版汇聚了事务所过去三十年在商事仲裁领域深耕的成果，它记载了我国仲裁事业发展的光辉岁月，也指引着我国仲裁迈向新时代、新征程。本书的出版离不开课题组每位成员的辛勤付出及紧密合作，在此由衷地向他们表示敬意！希望本书的研究成果能为仲裁的实践与理论工作者提供启发，为不同的仲裁从业者提供全面、综合的仲裁司法审查视角，也期待能有益于我国仲裁司法审查的进一步发展，为打造更友好的仲裁法治环境贡献力量。

目　录

第一章　仲裁司法审查概述研究

（作者：许茹英、张信）

仲裁作为各民商事主体广为认可的争议解决方式，区别于诉讼程序，其具有专家审理、一裁终局、快捷高效、保密等更为便利的优势。是否选择仲裁作为争议解决方式基于当事人的自愿，故无论是仲裁裁决还是仲裁调解结果均应得到当事人的尊重和执行。我国法律通过对仲裁法体系的建立与完善，秉持着鼓励支持的态度不断推进我国商事仲裁事业的发展。

当事人协议选择仲裁作为争议解决方式，实质上是授予仲裁机构解决纠纷的权力的过程[①]，可见仲裁庭享有此种权力的本源并非法律规定，而是基于当事人的协议。虽该“仲裁权”在我国学界的性质界定仍存在争议，但《中华人民共和国仲裁法》（下称《仲裁法》）明确规定了当事人选择仲裁的法律效力，因此仲裁庭具有通过仲裁裁决来解决纠纷的权力。但仲裁权，其根本上作为一种权利，在未受到控制时，可以将它比作自由流动、高涨的能量，其效果往往具有破坏性[②]。违背社会公共利益、未经正当合法程序等方式所作出的裁决会损害选择仲裁的当事人的权利，又因其一裁终局的原则，争议当事人往往会由此陷入权利救济难题。

---

① 乔欣:《仲裁权论》，法律出版社 2009 年版，第 33–34 页。

②【美】E. 博登海默:《法理学：法哲学及其方法》，邓正来译，中国政法大学出版社 1999 年版。

早在中世纪的欧洲大陆，作为仲裁的起源地，商人仲裁法庭与王权审判之间就已围绕仲裁权展开斗争，伴随权力的制约与平衡，最终仲裁被王权认可但同时也受到审查监督，自此仲裁司法审查开始萌芽发展。

一、仲裁司法审查的概念

仲裁司法审查，从狭义上理解体现的是法院对仲裁的监督关系①，是法院为弥补仲裁作为结果具有强制执行力之争议解决方式的缺陷，在必要时对仲裁所实施的干预并通过立法将其干预限度予以确定。而从广义上理解，仲裁司法审查是法院为仲裁的法律效力及强制执行力设立的救济途径，也是维护仲裁制度在效率与公平之间平衡的最后一道保障。仲裁司法审查在仲裁与司法关系中占有重要的比重，无论是国内还是国际，均在不断探求仲裁司法审查制度的平衡与完善。

二、仲裁司法审查制度的发展沿革

国际层面，自《承认与执行外国仲裁裁决公约》（以下简称《纽约公约》）于1959年生效以来，仲裁在国际上得到广泛认可，这一公约作为国际私法领域承认及执行外国仲裁裁决最为重要的国际公约，不仅加快了国际商事仲裁争议解决方式得以在世界范围内发展的步伐，也为仲裁司法审查中的承认与执行设定了世界范围内各缔约方可适用的标准，仲裁协议的效力及仲裁裁决的执行已不能轻易地被否定。1985年《联合国国际贸易法委员会国际商事仲裁示范法》（UNCITRAL

① 常怡:《比较民事诉讼法》，中国政法大学出版社2002年版。

Model Law on International Commercial Arbitration，以下简称《示范法》）的制定更是为各司法辖区对于其自身仲裁司法审查的制度设计提供了参考范本。目前，世界上共有 68 个国家和地区采用《示范法》中设立的司法审查模式。可见，对于仲裁司法审查制度设计，全世界都在为维护仲裁的效率性与公平性作出相应的平衡与努力。

国内层面，1986 年我国正式加入《纽约公约》；1991 年《中华人民共和国民事诉讼法》（下称《民事诉讼法》）中规定了对仲裁裁决的不予执行制度；并于 1995 年 9 月 1 日正式施行的《仲裁法》① 中首次规定了仲裁裁决的司法审查制度。至此我国初步建立了商事仲裁制度。随之而来，仲裁司法审查制度的双重司法审查模式也初见模型。但在仲裁制度的初步发展阶段，我国对于仲裁司法审查制度的设立与实践存在较大差别，且尚未形成有效完整的仲裁司法审查结构体系，部分地区法院过度干预仲裁活动，给仲裁制度带来了不稳定性及相应的负面影响②，而涉外仲裁案件与国际接轨的步伐仍然稍见缓慢。

1995 年 8 月 28 日，最高人民法院发布了《最高人民法院关于人民法院处理与涉外仲裁及外国仲裁事项有关问题的通知》③，初步建立了涉外仲裁裁决司法审查的内部报告制度。2000 年 4 月 17 日，最高人民法院发布《最高人民法院关于审理和执行涉外民商事案件应当注意的几个问题的通知》④。我国在不断健全仲裁司法审查制度与国际接轨的道路上，已基本建立仲裁司法审查的内部报告制度。

由此可见，伴随仲裁制度的不断发展，我国对仲裁权的保障不断

① 另于 2009 年、2017 年进行修订，现行为 2017 年修订。

② 沈伟：《我国仲裁司法审查制度的规范分析——缘起、演进、机理和缺陷》，载《法学论坛》2019 年第 1 期，第 114 页。

③④ 现行为 2008 年修订版本。

增强，制约仲裁权的力量也不断崛起[①]。综观国内国际的仲裁司法审查制度设计，均就在必要时对仲裁予以干预的主体、内容、方式及程序作出了明确规定，其制度设计背后体现的审查原则也蕴含在其中。截至目前，《最高人民法院关于仲裁司法审查案件报核问题的有关规定》（2021年修订）、《最高人民法院关于适用〈中华人民共和国仲裁法〉若干问题的解释》（2008年）、《最高人民法院关于适用〈中华人民共和国民事诉讼法〉的解释》（2022年）、《最高人民法院关于人民法院办理仲裁裁决执行案件若干问题的规定》（2018年）与《仲裁法》《民事诉讼法》共同构成了我国仲裁司法审查制度的法律体系，体现了我国法院对仲裁在鼓励发展的同时予以适度监督的原则[②]。

三、仲裁司法审查的特点

（一）仲裁司法审查案件数量呈逐年持续增长趋势

伴随2000年年初，我国仲裁司法审查制度的不断发展完善，仲裁司法审查案件也迎来了上升期。根据《法制日报》（现《法治日报》）刊登报告的从全国仲裁工作座谈会上所获悉的数据，“自2000年到2009年十年时间内，中国仲裁机构受理案件数量及标的额持续增长，与国外主要仲裁机构同期相比，增长幅度居于首位”。法院受理仲裁司法审查案件量一路飙升。直至2020年我国最高人民法院首次发布的《最高人民法院商事仲裁司法审查年度报告》数据显示：“全国仲裁机构2018年和2019年受理案件数量分别为54万余件和48万余件，较

① 傅郁林：《仲裁权的制约机制与仲裁机构的管理模式——以民事审判权为对照》，载《北京仲裁》第62辑，第39页。

② 沈伟：《我国仲裁司法审查制度的规范分析——缘起、演进、机理和缺陷》，载《法学论坛》2019年第1期，第119页。

2017 年 23 万余件增长一倍以上。”可见随着社会经济的发展，在商事交易中选择仲裁作为争议解决的方式已愈加普遍，随之而来仲裁司法审查案件也呈逐年持续增长的趋势。

（二）司法尊重仲裁的法律效力

经查询 2020 年至 2022 年的申请撤销仲裁裁决案件数量，向管辖法院提出申请撤裁共计 20 680 例，其中法院裁定撤销裁决案件共 474 例（含通知重新仲裁），可见法院裁定撤销仲裁裁决案件所占比重仅为 2.3%。即使时间倒退到 2002 年至 2008 年仲裁司法审查案件数量的上升期，其中法院裁定撤销仲裁裁决案件也仅占审查案件比重的 3.39%。从极低的撤裁率可见司法秉持着支持仲裁的立场，以尊重为首要态度，谨慎审查并提供必要支持。

（三）遵循有限审查原则，保障仲裁庭的自由裁量权

通过对法院司法审查持否定态度的案件分析，考量其否定仲裁裁决的原因主要在程序事项上，如仲裁庭组成、送达程序、鉴定程序等其他问题，以程序性问题为审查重心。根据我国《仲裁法》及《民事诉讼法》的规定，法院对仲裁的司法审查是程序上的形式审查而非案件实体审查。涉及实体问题也仅限于是否有违社会公共利益，注重维护社会公共秩序。避免因法院的审查权过度扩张、过度干预，而将法院的审查变形为仲裁的“上诉程序”，与仲裁一裁终局的制度原则相悖。

（四）仲裁司法审查标准呈现愈加严格的趋势

观察近年的仲裁司法审查实践，尤其对撤销仲裁裁决案件的审查，法院对审查标准的把握愈加严格，可见我国仲裁司法审查已经历从适

度干预到减少干预的过渡。虽各地区的撤裁案件量存在差异，但以纵向时间发展为轴，裁定撤销的案件量已呈逐年递减的趋势。

四、仲裁司法审查的必要性及作用

（一）规范仲裁权，提高仲裁效率

一方面，仲裁制度系源于私法自治原则及契约自由原则。仲裁庭的权力来自当事人的约定，并非国家的司法主权，而私权自然会存在被滥用的风险，尤其是在市场经济体制中，各仲裁机构的仲裁员标准存在差异，对其行使的裁决权需要采用“以权力制约权力”的方式予以审查监督，否则最终将有损于当事人自身的合法权利。由此可见，仲裁的自身属性决定了司法审查的必要性，国家需运用其公权力保障仲裁程序的顺利进行，在必要环节必须依赖司法公权力予以协助鼓励[①]，并在必要时进行审查监督，以司法介入的方式防止私法自治权的滥用。

另一方面，仲裁制度存在其局限性。由于其保密性的特质，仲裁裁决不会向社会大众公开，虽有利于保护商事主体的声誉及商业秘密，但相比于法院判决的公开性而言，其大大降低了仲裁机构在面对社会大众及舆论监督时的压力。任何制度的发展均要经历其不断完善的过程，在伴随仲裁法不断发展进步的过程中，法院对于仲裁的司法审查可在很大程度上弥补仲裁制度的缺陷。

① 李祖军、王噶利:《论我国仲裁司法监督制度的完善》，载《仲裁研究》2005 年第 3 期，第 45 页。

（二）保障仲裁裁决的公平性，维持仲裁效率与公正的平衡

实践中，当事人协议选择仲裁作为争议解决方式的重要原因之一为仲裁可以让纠纷得以快速的解决，相比于诉讼程序的两审终审及法院对大量诉讼案件的排期需要，仲裁的一裁终局原则更有利于节省当事人的时间成本，这也是仲裁所追寻的效率价值目标。但值得注意的是，当争议案件得以较为快速的解决，裁决结果是否具有公平合理性成了更为重要的问题。而法院对于仲裁的司法审查则可以通过纠正仲裁程序错误以保障仲裁结果的程序公平和实体正义共同得到实现。为更加合理地保障争议当事人的权利，促使当事人积极行使异议权，无论是仲裁开庭前可对仲裁协议效力作出确认，还是仲裁裁决后进行撤裁或不予执行仲裁，法院均给予当事人充分的救济渠道，以保障仲裁公正与效率之间的平衡。

（三）维护国家主权和社会公共利益

如上所述，仲裁司法审查体现在国内与国际两个空间维度。当涉及对涉外仲裁裁决进行司法审查时，法院承担着维护社会正义、保证司法统一的职能[①]。可见，法院行使其仲裁司法审查权是维护国家主权的需要，也是维护司法主权的重要体现[②]。尤其在各国法律渊源、司法制度存在差异性的前提下，是否承认一国仲裁裁决也直接影响到该国的基本法律原则、道德规范及国家重大利益，如下文所述，各地区法院在司法审查中普遍以是否违背公共政策为审查内容，其重要性不言而喻。

---

① 李祖军、王噶利：《论我国仲裁司法监督制度的完善》，载《仲裁研究》2005 年第 3 期，第 45 页。

② 朱科：《试论国际商事仲裁司法审查的基本原则》，载《河南社会科学》2016 年第 11 期，第 49 页。

五、仲裁司法审查制度设计概览

（一）仲裁司法审查主体

从我国现行立法来看，我国对于仲裁司法审查的主体主要体现在《仲裁法》及《最高人民法院关于审理仲裁司法审查案件若干问题的规定》中的“管辖规定”中，对于不同的司法审查案件的管辖法院均进行了明确区分。从审级上看，这些规定主要赋予了我国中级人民法院对仲裁的司法审查权。

各司法辖区的通行做法也是由法院作为仲裁司法审查主体，但在确定具体审查法院时较为灵活。如根据香港《仲裁条例》的规定，香港高等法院原讼法庭对撤销仲裁裁决等案件具有广泛的管辖权。澳门特区规定对于仲裁司法审查主体的确认需根据司法审查的内容进行区分，如对于撤销仲裁裁决，由初级法院管辖；对于拒绝确认仲裁裁决，由中级法院管辖。而英国对于仲裁司法审查主体的规定，并不局限于特定级别的法院之间，参考近年来英国各法院围绕仲裁司法审查所作出的相关判决，英国最高院、高等法院商事庭、上诉法院、枢密院均具有相应管辖权。根据《美国联邦仲裁法》（Federal Arbitration Act）的规定，美国各法院、联邦最高法院均具有仲裁司法审查权。

（二）仲裁司法审查内容

我国法院对仲裁裁决的司法审查内容涵盖仲裁协议效力的认定、仲裁庭管辖权的确定、仲裁临时保全措施的采取及仲裁裁决执行力的判断等多方面，全面贯穿于商事仲裁程序的始终，并呈现撤销与不予执行仲裁裁决并存的双重审查模式特点。而针对各司法审查类型案件所指向的具体审查内容，我国《仲裁法》及《民事诉讼法》又进行了相应明确，包含程序审查及实体审查。

考察世界各国和地区对于仲裁司法审查内容的规定，体现出世界范围内仲裁司法审查的共性，但也存在相应差异。

具体而言，一方面，各国和各地区普遍对仲裁裁决进行程序审查，而实体审查则以违反公共政策为限。香港仲裁司法审查对于撤销仲裁裁决案件的审查主要围绕仲裁协议无效、仲裁程序不当、超裁、仲裁庭组成违约 / 违法、不属于仲裁管辖的争议事项及裁决违反公共政策展开。澳门特区对于仲裁司法审查的内容也集中体现在撤销仲裁与拒绝确认两个方面，对于撤销仲裁的审查集中表现在对仲裁裁决的程序进行审查，与香港特区有相似之处。美国对于撤销仲裁裁决的审查更为集中在程序方面，如《美国联邦仲裁法》的规定，美国法院审查的具体内容包含：裁决是否以贿赂、欺诈及其他非法行为取得；仲裁员是否存在偏袒、受贿行为；仲裁员是否拒绝当事人合理请求、实质证据等有损其权利的行为；仲裁员是否超越职权或未行使权力导致未作出共同、终局、确定的裁决。德国现行法律对撤销和执行仲裁裁决的审查规定则体现于 1998 年《德国民事诉讼法》中，德国法院除对仲裁程序中的程序性问题予以审查外，还需主动审查争议是否能根据德国法通过仲裁解决及承认或执行仲裁裁决是否将导致与公共政策相冲突。

另一方面，值得关注的是，世界各国和地区存在区别于普遍仲裁司法审查内容的特殊审查重点。

1. 审查法律适用问题

英国作为仲裁制度最为发达的国家，在仲裁司法审查制度设计上将法律适用作为仲裁司法审查内容之一。虽然在众多关于仲裁审查案件的类型中，英国法院主要审查仲裁庭是否无实体管辖权、仲裁程序及结果是否存在严重反常违规行为等，但仍要对于仲裁裁决是否存在法律适用问题进行审查。此种审查内容与其他国家相比较为特别。虽审查重点同为仲裁中程序违法事项，但规定的审查内容较其他国家的普遍规定更为细致，如1996年《英国仲裁法》的规定，对仲裁程序及结果存在严重违规行为的司法审查内容划分为9类[①]，制度设计较为严格。

2. 指导仲裁活动

日本仲裁司法审查则体现在日本仲裁活动的各个方面，根据《日本民事诉讼法》的规定，关于审查撤销仲裁裁决的内容为"第一，不应准许仲裁程序时；第二，仲裁裁决向当事人宣告应为法律上禁止时；第三，当事人在仲裁程序中按照法律规定不能为代理时；第四，在仲裁程序中没有审问当事人时；第五，在仲裁裁决上没有附上理由时；第六，具有准许再审诉讼的条件时"。可见，日本仲裁司法审查不仅是作为司法救济的渠道存在，更是指导当事人与仲裁机构进行仲裁活动的准则。

（三）仲裁司法审查方式及程序

首先，司法审查程序的启动需以争议当事人自身意愿为限。因仲裁司法审查系为双方当事人提供的司法救济途径，因此案件争议当事人各方都可以向具有管辖权的法院提出异议，但对于申请不予执行案件，我国法律仅规定了败诉方可申请不予执行仲裁裁决。可见，我国法院对此坚持不告不理原则，尊重私法的自治。其次，法律对当事人启动仲裁司法审查的时限予以了规定，但国内与国外的仲裁司法审查实现存在区别，如我国撤销仲裁裁决的时限为应当在收到仲裁裁决书的六个月内，若超过法定时限，法院不予受理。但《英国仲裁法》规

① 见1996年《英国仲裁法》第68条第2款。

定当事人申请上诉或撤销必须在仲裁裁决作出之日起 28 天内提出。再次，关于法院进行仲裁司法审查的程序及时间，我国仲裁司法审查的时间一般为三个月内。最后，我国对于仲裁司法审查结果的处理方式上实行一审终审制，当事人对法院作出的处理结果不能上诉、抗诉或申请再审。

着眼于各司法辖区对仲裁司法审查完毕后的处理方式，其制度设计存在显著差异，可在一定情形下允许当事人提出上诉。如香港《仲裁条例》第 81 条第 4 款规定，对于香港法院撤销裁决的决定，可在原讼法庭法官的许可下提出上诉；如果上诉存在合理的成功预期，将给予许可。《澳门仲裁法》中也制定了关于上诉的规定，当事人可以在仲裁裁决前对上诉进行约定，如有约定可以提起上诉。英国也规定了仲裁裁决上诉制度，经当事人申请，法院在符合规定条件下会批准予以上诉。德国、美国也均对仲裁裁决的可上诉性作出规定。

由上可见，各司法辖区在立法层面对于仲裁司法审查的方式存在差异，但也存在较多共性，肯定法院对仲裁的审查权已形成的共识。

（四）新发展下的仲裁司法建议

随着仲裁在实践中的不断发展，除上述介绍的主要仲裁司法审查内容及方式外，也出现了其他“新型”仲裁司法审查方式——由法院向仲裁机构提出司法建议。例如，近期北京市第四中级人民法院（以下简称北京四中院）审理北京市仲裁司法审查案件并向北京仲裁委员会发出司法建议，北京四中院作为北京地区管辖撤裁案件的法院，在对案件进行司法审查时，发现部分案件反映出仲裁员存在未按照仲裁规则充分履行信息披露义务以及可能损害当事人权益等问题，从而向仲裁机构发出书面司法建议。

该司法建议书中明确了由其审理的部分案件名称、问题，将行使仲裁司法审查职能时所发现的问题予以列明，告知其审查结果后提出如“规范仲裁员选任制度、规范仲裁员与当事人的接触交往、严格办案纪律”等具体建议。北京仲裁委员会收到该司法建议书后予以复函表示感谢北京四中院对北京仲裁委员会工作的理解和支持，且认为该司法建议具有很强的指导意义。

由上可见，这种方式虽不具有法律效力，或非能称之为严格意义上的司法审查，但究其实质，是法院对于仲裁以建议的方式予以事前、事后干预，提请仲裁机构予以注意。值得注意的是，此种新型仲裁司法审查方式，打破了法院被动的司法审查特征，以主动发出司法建议书的方式介入仲裁机构的管理，实质上加强了法院对仲裁机构的审查力度，一定程度上有悖于仲裁独立性原则。但与其他具有法律效力的仲裁司法审查方式相比，因仲裁司法审查建议尚未由我国法律规定，并无明确的法律效力，作为新发展下的仲裁司法审查方式，其发展途径及覆盖内容仍有待于关注和研究。

六、结语

虽然仲裁已逐渐成为当事人解决争议的首选方式，但我国仲裁司法审查制度的设计与实践发展仍处于逐步完善的阶段。通过上述以横向与纵向的方式对国内与国际的仲裁司法审查制度的介绍，各司法辖区对于审查制度设计的发展趋势基本体现为：在尊重仲裁庭权力的同时，严守法院对仲裁的审查限度。此种较为被动的仲裁司法审查方式规定于不同立法中。国内、国际的通行制度设计普遍以对仲裁裁决的程序审查为原则，涉及的实体审查普遍也以公共政策为限。此种从制度层面缩小仲裁司法审查的范围、弱化法院的过度干预的方式也是制定仲裁司法审查制度的一般规律。如何更好地保证仲裁合意能够维持当事人真实自由意志的本质，是仲裁司法审查的根本目的[①]，也是探究仲裁司法审查的意义所在。

①【日】棚濑孝熊:《纠纷的解决与审判制度》，王亚新译，中国政法大学出版社 2004 年版。

第二章 对仲裁意思自治的司法审查

一、仲裁协议司法审查的问题和新发展

（作者：沈健）

仲裁协议是指合同当事人通过在合同中订明仲裁条款、签订独立仲裁协议或采用其他方式达成的就有关争议提交仲裁的书面协议，表明当事人承认仲裁裁决的拘束力，将自觉履行其义务。它是仲裁得以进行的法定前提。一方面，没有仲裁协议，当事人无权提起仲裁，因而仲裁协议赋予当事人提起仲裁的程序权利；另一方面，它赋予仲裁机构仲裁管辖权，是仲裁机构受理案件并作出合法有效裁决的前提条件。

根据仲裁协议形成的具体方式，仲裁协议可以分为三种类型：一种是当事人在争议发生之前订立的，表示愿意将他们之间今后可能发生的争议提交仲裁解决的协议。这种协议通常在合同中写明，是合同的一个组成部分，称作仲裁条款。第二种是当事人在争议发生之前或之后达成的同意将争议提交仲裁解决的独立协议，即狭义的仲裁协议。第三种是当事人通过往来函电及其他有记录的通讯方式达成的一致同意进行仲裁的协议，也属于书面仲裁协议的范畴，是一种有效的仲裁协议。我国《仲裁法》第 16 条第 1 款规定：“仲裁协议包括合同中订立的仲裁条款和以其他书面方式在纠纷发生前或纠纷发生后达成的请求仲裁的协议。”正是因为仲裁协议的基础性与首要性，法院首先要对当事人是否有通过仲裁解决纠纷的合意进行审查，本部分即以当事人对

仲裁的意思表示为视角展开，聚焦仲裁理论与司法实践，对基础性问题、当下热点问题以及争议性问题进行深入的法学分析。

（一）仲裁协议的效力问题

仲裁协议是仲裁的基石。相较于诉讼，仲裁作为民间性、私人性的争议解决方式，其对抗诉讼的效力来源首先就是当事人的合意，其主要表现形式就是仲裁协议，无论事前还是事后，只要具备有效的仲裁协议，那么当事人约定的仲裁方式就具有法律效力，相应地，因争议而设立的仲裁庭也就具有了管辖权。也可以说仲裁管辖权是仲裁程序的基石，如果仲裁机构或仲裁庭没有仲裁管辖权，该争议将无法通过仲裁解决而只能由法院审理。在很多涉及仲裁管辖权的案件中都以仲裁协议无效为由提出异议，这些案件所涉及的合同中都包括了仲裁协议，只是这些协议不确定是否符合仲裁法的规定而有效。如果仲裁协议中缺少必备的要件，则该协议应视为无效，从而导致协议中约定的仲裁委员会也丧失了管辖权。

1. 仲裁协议的法律效力

（1）仲裁协议的形式要件和实质要件

按照我国《仲裁法》，仲裁协议必须是书面的。符合前述三种类型的仲裁协议均为书面形式。只有书面形式的仲裁协议才具有法律效力，否则，根据非书面形式的仲裁协议而进行的仲裁审理以及裁决均不发生法律效果。对于仲裁尤其是国际经济贸易争议仲裁，各国仲裁法律普遍要求以书面形式达成仲裁协议。仲裁机构在决定受理仲裁案件的时候，也会审查仲裁协议是否符合形式要件。在国际仲裁裁决的承认和执行中，仲裁协议是否符合形式要件是法院进行司法审查的一项重要内容。1958 年《纽约公约》要求仲裁协议为书面形式，并以此作为缔约方承认和执行仲裁裁决的主要条件之一。《示范法》以及各国仲裁法都有此形式要件。

《仲裁法》还规定了仲裁协议的一般实质要件，明确仲裁协议应当包括以下内容：①请求仲裁的意思表示；②仲裁事项；③选定的仲裁委员会。这些内容是仲裁协议生效必须具备的实质要件。我国涉外仲裁协议与国内仲裁协议都必须满足以上实质要求，缺少任何一项，仲裁协议都将因内容不具备法定要件而没有法律效力。在涉外仲裁的实践活动中，仲裁协议缺少法定内容时，当事人可以争取通过补充仲裁协议、解释仲裁协议等途径来使仲裁协议符合要求，从而获得效力。这种事后的努力能否成功，须看当事人是否一致同意。

仲裁协议在具备形式要件和实质要件的前提下，即具有合法效力。

（2）仲裁协议效力的法律效果

仲裁协议是仲裁的基础，它的效力具体表现为仲裁协议对于仲裁当事人、仲裁机构以及仲裁裁决本身的作用和影响。其法律效力主要包含以下几个方面。

① 赋予并限制当事人的程序权利，排除法院的管辖权

当事人签订有仲裁协议的，当争议发生时，任何一方都有权提请仲裁，通过仲裁解决当事人之间的争议，这是仲裁协议赋予当事人的权利。同时，仲裁协议也限制了当事人选择诉讼的手段解决纠纷。订有仲裁协议的，当事人只能进行仲裁，且向仲裁协议约定的仲裁机构提请仲裁，而不能向法院提起诉讼。

② 赋予仲裁机构及仲裁庭对争议案件的仲裁管辖权

仲裁协议作为仲裁庭拥有管辖权的法律依据和前提，具有程序及实体两方面的意义：程序上，仲裁庭基于仲裁协议赋予的仲裁管辖权，有权主持并决定仲裁程序的进行；当事人发生争议后，任何一方当事人只能向仲裁协议中确定的仲裁机构申请仲裁。实体上，仲裁庭有权审理的争议内容必须符合仲裁协议规定的仲裁范围，当事人的仲裁请

求或反请求内容超出了仲裁协议约定的范围，仲裁庭不予受理，超出这一范围作出的裁决也不具有法律效力。

③ 强制执行仲裁裁决的依据

当事人在仲裁协议中一般都会规定双方承认仲裁裁决的效力，承诺主动履行仲裁裁决。对于一方当事人不履行仲裁裁决的，另一方当事人可以向有关法院申请强制执行。申请强制执行时，除提交裁决书外，通常还必须提供仲裁协议的正本或经正式证明的副本。1958 年《纽约公约》第 4 条第 1 款规定："为了使裁决能在另一缔约国获得承认和执行，申请人应该在申请时提供：正式认证的裁决正本或经正式证明的副本；仲裁协议正本或经正式证明的副本。只有有效的仲裁协议才具有上述作用。" 我国仲裁法律也有相应规定。

2. "或裁或审" 条款的效力

仲裁协议是仲裁制度的基石，它既是开始仲裁程序的逻辑前提，也是确定仲裁管辖权的必要条件。但是实践中，当事人并不一定只在协议中约定一种争议解决方式，有时会同时约定仲裁与诉讼，形成"或裁或审"条款。"或裁或审"条款一般表述为：可以向某仲裁委员会申请仲裁或向某人民法院起诉。对于此种情形，虽然各国和地区立法与实践对于这类条款的效力认定各有不同，但其本质均是为了明确当事人的意思表示，以确认应适用何种争议解决方式，而通常并不会直接规定任一种方式为无效。相比之下，我国对于"或裁或审"条款的态度显得十分强硬。《最高人民法院关于适用〈中华人民共和国仲裁法〉若干问题的解释》（以下简称《仲裁法解释》）进行了专门的规定，其第 7 条规定，当事人如约定"争议可以向仲裁机构申请仲裁也可以向人民法院起诉"（以下简称"或裁或诉"），除一方申请仲裁而另一方未及时提出异议外，仲裁协议无效。这一条文后经各级法院反复援用，"或裁或诉"可作为一项仲裁协议无效事由已成为我国仲裁司法审查的既定立场。

（1）司法实践标准不一

①“或裁或审”中仲裁协议有效

第一，在合同专用条款与通用条款约定的争议解决方式不同时，认为专用条款部分约定的仲裁条款应优先适用，从而认定仲裁协议有效，例如广东茂名中院（2020）粤09民特14号与河北张家口中院（2021）冀07民特124号。

第二，限缩争议解决条款的范围，从而认定仲裁协议有效。例如，广东广州中级人民法院（2021）粤01民特636号民事裁定书认为，案涉合同第16条约定赋强公证，第17条约定仲裁，但前者并非原《合同法》第128条规定的争议解决条款，且该条约定的赋强公证未实际办理，而合同第17条含有双方约定争议解决方式的内容，系有效仲裁条款。再如，陕西西安中级人民法院（2021）陕01民特750号民事裁定书认为，虽合同第10条有甲方在特定条件下可“向法院起诉”的表述，但该条在内容上约定的是乙方的权利义务，并非争议解决条款，争议解决方式应依合同第18条的争议解决条款确定，故合同第18条约定的仲裁条款有效。

第三，对争议事项性质作不同区分，进而认定不同性质争议可以适用不同解决方式。例如，河南郑州中级人民法院（2021）豫01民特81号民事裁定书认为，合同中虽有两个条款约定了不同的争议解决方式，但两个条款约定的内容亦不完全相同，解决问题的内涵与外延亦不完全一致，不能据此认定仲裁协议当然无效。

②“或裁或审”中仲裁协议无效

在辽宁营口中级人民法院（2021）辽08民特9号案中，当事人在通用条款中约定“采取仲裁或诉讼解决索赔争议”，在专用条款中约定“商定的仲裁机构（名称）和地点：营口市仲裁委员会”，同时约定专用条款解释顺序优先于通用条款，法院认为，专用条款中对仲裁机构的选定不能排除通用条款中关于以诉讼方式解决争议的约定，仲裁协议无效。在河南安阳中级人民法院（2020）豫05民特21号案中，案涉合同第8.4条约定“因本合同所生争议……双方同意由合同签订地人民法院管辖”，第7条“法律适用与争议解决”约定合同履行纠纷均提交南平仲裁委员会，并约定“本合同其他约定与本约定不一致的以该约定为准”，法院认为，当事人在前述两条中同时约定仲裁和诉讼，仲裁协议无效。

（2）“或裁或审”条款的性质梳理

我国长期的司法实践通常将“或裁或审”条款认定为有瑕疵的仲裁协议，认为其在本质上仍然属于仲裁协议，只是在条款的约定上不符合传统仲裁协议的形式。因此，其表述具有瑕疵性，其效力具有不确定性。从法律效果上来看，将“或裁或审”条款视为仲裁协议的观点可以更好地支持“整体无效”论的司法实践。理由有二：其一，《仲裁法解释》第7条中“仲裁协议无效”的表述就已经在一定程度上认可了这类条款属于仲裁协议的属性以及隐含着“整体无效”的裁判倾向。其二，实践中的当事人向人民法院申请确认仲裁协议效力或提出管辖权异议时，法院通常在审查这类条款时并不会对条款的性质进行分析，而是直接视其为仲裁协议并援引第7条之规定认定无效。例如，在“泰州市欧亚汽车销售服务有限公司一案”中，泰州市中级人民法院认为，申请人、被申请人签订的合同中约定了三种争议解决方式，双方在第（2）项约定采取第2种方式解决的同时，又在第（3）项再次约定可向法院提起诉讼，而并未排除其他纠纷解决方式，因此该约定属于或裁或审的约定。所以，根据《仲裁法解释》第7条的规定，应当认定该仲裁协议无效。

另有观点认为，不能把这种“或裁或审”条款直接等同于仲裁条款。无论是协议仲裁还是协议诉讼，实质上都是当事人将所涉案件管辖权交托给中立第三方的一种管辖约定。也有观点认为，同时约定仲裁和诉讼的“或裁或审”条款可以看作是一种混合管辖条款。这种管辖条款中所包含的仲裁条款和诉讼条款彼此独立。从法律效果上来看，这种观点可以更好地支持“或裁或审”条款应当“部分无效”的司法实践。具体而言，法院在审查这类条款时应将其分割为仲裁条款和诉讼条款，首先援引《仲裁法解释》第7条的规定认定仲裁条款无效，继而再审查剩余部分的诉讼条款是否符合我国《民事诉讼法》中关于协议管辖的有关规定。例如，在“温州市洞头华凯水利工程有限公司一案”中，浙江省高级人民法院就认为，根据《仲裁法解释》第7条的规定，涉及仲裁部分的条款无效，但诉讼管辖部分只要符合法律规定应当有效，并根据《民事诉讼法》之规定认为该案合同签订地为上海，故而双方约定上海法院管辖并未违反法律规定，从而认定该条款有效。

（3）“或裁或审”的不同情形及其效力

① 选择性管辖约定

选择性管辖约定，从仲裁的角度说即选择性仲裁协议，是指当事人对仲裁的选择不是确定性、强制性的，一方起诉也不违反约定的文义。“可以仲裁”和“可裁可审”均属于这一类型。对于选择性管辖约定，应该尊重当事人相互允诺、接受的选择权。尽管这类约定没有排除起诉的可能性，但依然包含仲裁的意思，这一意思不应被完全忽略。对于“可裁可审”约定，仲裁和诉讼相互平行，一方选择其中任一方式都有充分依据，另一方无权要求其转移管辖。

② 冲突性管辖约定

冲突性管辖约定是指当事人对仲裁的选择是强制性的，但同时又约定了强制性的法院管辖，两者产生直接冲突。任意一方起诉或提起仲裁都在某种程度上违反了约定。“既裁又审”是典型的冲突性管辖约定。对于“既裁又审”约定，我国法院依据《仲裁法解释》第7条按“或裁或审”处理，法院均认定仲裁协议无效。

③ 单边管辖协议

单边管辖协议仅赋予一方当事人依某种法院或仲裁管辖解决争议的选择权。这种约定往往是具有谈判优势的一方为保留争端解决方式的灵活有效而设计，尤其在金融业中使用颇多，有其商业合理性。当事人约定应仲裁或诉讼但不妨碍某一方提起仲裁或诉讼均会产生“或裁或审”问题。在我国涉及单边管辖协议的有限司法实践中，2015年“健乐士贸易诉日珠贸易”案中，当事人约定争议应提交中国国际经济贸易仲裁委员会进行仲裁，但在“任何情况下，卖方有权对买方在买方住所地或注册地法院提起诉讼”。这是典型的单边管辖协议。法院依据《仲裁法解释》第7条认定仲裁协议无效，但没有提及单边性的问题。2016年最高人民法院在“老船长公司诉地波里公司案”批复中明确“由甲方指定的仲裁委员会……仲裁解决”是当事人协商一致的意思表示，合法有效。尽管由一方选定的仲裁机构仲裁与仅一方有权提起仲裁存在差别，但上述发展仍在一定程度上反映了我国法院对当事人仲裁权利不对称的态度趋于宽松。

④ 顺序管辖协议

顺序管辖协议是指当事人就争议的解决方式安排了前后顺序。比如，在上海市第一中级人民法院作出的（2020）沪01民辖终780号民事裁定中，涉案《并购财务顾问服务协议》中有这样的约定：“因本协议所引起的或与本协议有关的任何纠纷或争议（包括关于本协议约定条款之存在、效力或终止，或无效之后果等争议），首先通过新加坡国际仲裁中心进行仲裁解决。若双方对新加坡国际仲裁中心的仲裁结果无法达成一致，任何一方均有权将争议提交于甲方住所所在地有管辖权的商业法庭以诉讼方式解决。”

该约定中“首先通过新加坡国际仲裁中心进行仲裁解决”，对于仲裁方式和诉讼方式之间明确了仲裁优先，对仲裁机构的选择具体、明确、唯一，并不具有“或裁或审”选择的特点，故法院对该仲裁条款的约定予以认定。对于双方当事人进一步约定“若双方对新加坡国际仲裁中心的仲裁结果无法达成一致，任何一方均有权将争议提交于甲方住所所在地有管辖权的商业法庭以诉讼方式解决”，不符合《仲裁法》第 9 条第 1 款关于“仲裁实行一裁终局”的规定，违反了仲裁排除法院管辖的基本原则，应认定该约定为无效。本案应提交新加坡国际仲裁中心进行仲裁解决。

本案中，法院采取分割法，将案涉协议条款中的仲裁条款和诉讼管辖条款进行切割。在作出无效认定的同时，似乎仅仅将无效局限于诉讼管辖条款，即争议解决条款后半句，“若双方对新加坡国际仲裁中心的仲裁结果无法达成一致，任何一方均有权将争议提交于甲方住所所在地有管辖权的商业法庭以诉讼方式解决”。

3. 无涉外因素的纠纷约定由境外仲裁机构仲裁的仲裁协议

随着经济全球化的日益深入，我国的跨境贸易商事活动不断增多，很多商事纠纷选择境外仲裁机构进行仲裁，我国作为《纽约公约》的缔约成员，在践行公约义务方面表现可圈可点。但是基于各种原因，国内不断出现双方当事人约定将无涉外因素的国内争议交由境外仲裁机构仲裁的情形。尤其，我国法律鼓励境外仲裁机构入驻中国内地开展仲裁活动，上海市根据《中国（上海）自由贸易试验区临港新片区总体方案》《中国（上海）自由贸易试验区临港新片区管理办法》等有关规定，制定并于 2020 年 1 月 1 日施行了《境外仲裁机构在中国（上海）自由贸易试验区临港新片区设立业务机构管理办法》（现已失效），这是我国首次以立法的形式对境外仲裁机构在中国内地开展业务进行了明确的规定。随后，2021 年 1 月 1 日，北京正式施行了《境外仲裁机构在中国（北京）自由贸易试验区设立业务机构登记管理办法》，该办法旨在通过将境外仲裁机构的业务范围、设立条件和程序明晰化，接纳更多的仲裁机构进入中国的仲裁市场，在对其进行监管的同时为其提供便利。相关文件的出台都可以彰显出中国对于境外仲裁机构入驻中国内地开展仲裁活动持鼓励与支持的态度。将纠纷交由境外仲裁机构进行解决相较过去更加便利，然而，如果当事人将无涉外因素的纠纷约定由境外仲裁机构仲裁，将境外仲裁机构作为仲裁协议中的仲裁机构，这样的仲裁协议是否可以得到法院的支持，是否应当认定该协议有效进而境外仲裁机构获得该无涉外因素的纠纷的管辖权。针对这一问题，我国各级法院形成“无涉外因素纠纷约定由境外仲裁机构仲裁的仲裁协议无效”的司法惯例。

（1）我国的司法实践

课题组依托裁判文书网，检索自 2015 年以来人民法院作出的无涉外因素的争议约定境外仲裁机构进行仲裁的案件，以下为部分典型的案例汇总。

案件裁决摘要：

天津市垃圾分类处理中心、天津大马南方环保有限公司申请确认仲裁协议效力案[①]：案涉双方在《天津市潘楼生活垃圾中转站运营合同》中订立的仲裁条款，约定有关争议事项提交香港国际仲裁中心仲裁，但双方当事人均为中国内地法人，标的物在中国内地，合同也在中国内地订立和履行，无涉外民事关系的构成要素，该合同不属于涉外合同。该合同及所包含的仲裁条款所适用法律，无论当事人是否作出明确约定，均应确定为中国内地法律。由于仲裁管辖权系法律授予的权力，而我国法律没有规定当事人可以将不具有涉外因素的争议交由境

①（2021）津 01 民特 11 号。

外仲裁机构仲裁，故当事人约定将有关争议提交香港国际仲裁中心仲裁没有法律依据，涉案仲裁条款应当认定无效。

克朗斯机械（太仓）有限公司与欧博迈亚工程咨询（北京）有限公司管辖裁定案[①]：法院认为，首先，《民事诉讼法》及《仲裁法》规定，涉外经济贸易、运输和海事中发生的纠纷，当事人可以通过合同中订有仲裁条款或者事后达成书面仲裁协议，提交我国涉外仲裁机构或者其他仲裁机构仲裁。但我国法律未授权境内当事人将不具有涉外因素的争议提请境外仲裁机构仲裁或者在境外进行临时仲裁。

领先仿生医疗器械（上海）有限公司与爱耳时代医疗科技（北京）股份有限公司买卖合同纠纷审判监督案[②]：在《经销商协议》实际履行期间，协议项下的部分产品在香港交付给爱耳公司的客户，但是该实际履行行为并未改变双方当事人的基础法律关系，故二审法院认为本案纠纷不具备涉外因素，双方当事人约定提请涉外仲裁机构仲裁的条款应属无效，并裁定一审法院应予受理爱耳公司的起诉，具有事实和法律依据，并无不当。

湛江安度斯生物有限公司、广东三穗建筑工程有限公司建设工程施工合同纠纷案[③]：由于仲裁管辖权系法律授予的权力，而中国法律没有规定当事人可以将不具有涉外因素的争议交由境外仲裁机构或者在中国境外临时仲裁，故本案双方当事人约定将有关争议提交境外仲裁没有法律依据。故本案约定由境外仲裁机构仲裁的条款应属无效条款。

林德气体（厦门）有限公司、翔鹭石化股份有限公司等申请确认仲裁协议效力案[④]：本案双方当事人均属于中国法人，当事人之间民事法律关系的设立、变更、终止的法律事实以及诉讼标的物均在我国境

①（2020）苏 05 民辖终 797 号。
②（2018）沪民申 921 号。
③（2016）粤 08 民辖终 90 号。
④（2015）厦民认字第 155 号。

内，不属于《民事诉讼法》规定的涉外民事案件。故本案当事人约定选择中国境外的仲裁机构进行仲裁，不符合中国法律的相关规定，应当认定无效。

西门子国际贸易（上海）有限公司诉上海黄金置地有限公司申请承认和执行外国仲裁裁决案①：影响该条款效力的判断关键在于系争合同关系是否具有涉外因素，如果本案纠纷系涉外合同纠纷，则当事人协商将合同争议提交外国仲裁机构的约定应为有效，反之则应认定仲裁条款无效。综观本案合同所涉的主体、履行特征等方面的实际情况，该合同当前存在与普通国内合同有明显差异的独特性，可以认定为涉外民事法律关系。

通过对以上裁判文书的分析可见，人民法院作出无涉外因素约定境外仲裁协议无效的判决主要依据如下。

① 依据法律规定

一些法院认为，仲裁管辖权既包含了当事人的意思自治，同时也包含了国家让渡的部分司法权。当法律仅规定涉外民事法律关系的协议可以约定境外仲裁，而未规定无涉外因素的争议可以提交境外仲裁时，约定将无涉外因素的争议提交境外仲裁的协议应当是无效的。上海市高级人民法院认为，我国《民法典》合同编、《民事诉讼法》第288条规定，涉外纠纷的当事人可根据仲裁协议向中国仲裁机构或其他仲裁机构仲裁，相关法律并未许可当事人可将不具有涉外因素的争议交由外国机构仲裁。在《最高人民法院关于江苏航天万源风电设备制造有限公司与艾尔姆风能叶片制品（天津）有限公司申请确认仲裁协议效力纠纷一案的请示的复函》中认为："由于仲裁管辖权系法律授予的权力，而我国法律没有规定当事人可以将不具有涉外因素的争议交由境外仲裁机构或者在我国境外临时仲裁，故本案当事人约定将有关

①（2013）沪一中民认（外仲）字第2号。

争议提交国际商会仲裁没有法律依据。”

②维护司法主权

上海市高级人民法院认为《纽约公约》公共政策条款可作为上述本案适用依据。关于对《纽约公约》第5条第2款（乙）项“公共政策”的把握，人民法院通常认为，违反我国法律基本原则、侵犯我国国家主权、危害国家及社会公共安全、违反善良风俗等危及我国根本社会公共利益情形的，可认定为违反该条款。而仲裁管辖权作为法律授予的权力，关系到我国基本法律原则和国家司法主权，因此，如果承认和执行本案系争裁决，可能对我国基本法律原则和国家司法主权造成冲击，有违我国公共政策，本案可以将《纽约公约》的“公共政策”条款作为安全阀条款予以援引，对系争裁决予以拒绝承认与执行。

（2）我国司法实践的归因

①以法律的解释为视角

法院在对不具有涉外因素的案件进行审查时，一般会适用以下法条:《民事诉讼法》第278条（现行第288条),《仲裁法》第65条,《最高人民法院关于适用〈中华人民共和国涉外民事关系法律适用法〉若干问题的解释（一)》第1条。其审判逻辑为由于仲裁管辖权系法律授予的权力，而以上的条款并未规定当事人可以将不具有涉外因素的纠纷提交境外仲裁机构进行仲裁，因此该仲裁协议无效。此外，在恒鼎公司管辖权异议案中，最高人民法院还指出:“非涉外民事案件双方当事人约定发生争议由我国大陆境外的仲裁机构裁决，因违反司法主权原则，应当认定该约定无效。”简言之，法院将仲裁管辖权认定为法律授予的权力，以“法无授权即禁止”的原则否定了仲裁协议。

法院对商事仲裁的性质及其与国内法之间关系的认识决定了它对商事仲裁案件审理的态度。在对无涉外因素纠纷约定外国仲裁案的审理中，我国各级法院均以“仲裁管辖权系法律授予的权力”、《民事诉讼法》第288条仅授权涉外纠纷提交外国仲裁为由，认定无涉外因素纠纷约定外国仲裁的协议无效。这表明上述司法惯例形成的根本原因在于我国法院在商事仲裁司法实践中偏重强调仲裁的司法权属性，认为仲裁的权力源于法律的授权，强调对仲裁的司法干预。正因为我国现行仲裁立法理念及各级法院强调仲裁的司法性，使得旨在保障私权的“法无禁止即可为”无法成为认定无涉外因素纠纷约定外国仲裁协议效力的法理基础，相反，我国法院恪守“仲裁管辖权系法律授予”的裁判理念，体现了旨在限制公权力的“法无授权不可为”的基本法理。

② 以仲裁权理论为视角

仲裁权是“仲裁庭在当事人和法律授权的范围内，解决提交仲裁的争议并作出公正裁决的权力”。仲裁权的根本为当事人的意思自治，其权源为当事人与法律的共同授权。当事人可以自主决定是否将仲裁作为争端解决方式，自主决定提交仲裁的争议范围，自主确定仲裁的程序事项等。如缺乏当事人的仲裁合意，缺少当事人自主的仲裁授权，仲裁庭就无法获得相应的仲裁权。同时，当事人的授权虽然是重要的权源，但该授权必须获得法律上的认可。

仲裁权的性质可划分出三大理论基础：司法权理论、契约理论与混合理论。受不同理论的影响，各国仲裁立法及实践呈现出截然不同的特征。我国商事仲裁的起步相对较晚，虽然我国的仲裁法律体系主要受到混合理论的影响，认为仲裁权来源于当事人的契约授权以及国家的司法权，在这两种授权的协调中，混合理论更偏重当事人的授权，即以契约性为立足点，以司法性为底线，但是我国在传统混合理论的基础，更侧重仲裁的司法性，而非仲裁的契约性。因此，构建在此种理论基础上的仲裁制度，必然会作出相应的选择，即在某些特殊情形下更加注重司法权，当不具有涉外因素的纠纷发生时，当事人合意达成的交由境外仲裁时，当事人的意思自治将受到司法权的调整，而不以当事人的意思自治为准。在此种理论的影响下，我国司法实践中对“非内国裁决”也采取不接受的态度。

（二）几类特殊合同中的仲裁协议

如前所述，仲裁庭的管辖权来源于当事人的意思自治，其表现形式为仲裁协议。但是并非当事人约定了仲裁协议其争议就一定交由仲裁解决，例如我国《仲裁法》第 3 条就对不能仲裁的事项进行了规定，即婚姻、收养、监护、扶养、继承纠纷与依法应当由行政机关处理的行政争议。随着我国改革开放的不断深化，经济的飞速发展，一些具有明显商事特性的纠纷是否可以通过仲裁解决，即其仲裁协议是否有效已经成为当下的热点问题。法律的发展固然具有滞后性，但是实践中已经出现了大量的问题，法律应该予以回应，体现其固有的价值。因此，本部分从知识产权合同、Public-Private Partnership（PPP）合同和体育合同中的仲裁协议出发，讨论法院的司法审查。

1. 知识产权合同

知识产权具有特殊性，其最为明显的特殊性即为知识产权的无形性。正是因为知识产权的无形性，直接导致知识产权纠纷相较于一般民事纠纷具有其自身的特殊性。知识产权的无形性使其保护范围不确定，一般知识产权纠纷的焦点往往聚焦于对方当事人所实施的行为是否侵犯了知识产权所认定的权利保护范围。而一般的民事纠纷则不存在权利存在与否以及不确定的问题，换言之，一般民事纠纷解决的关键不在于权利事实的认定，而在于如何适用侵权构成要件。因此，对于知识产权纠纷来说，权利保护范围的确定是适用侵权构成要件的前提。另外，知识产权纠纷的特殊性还包括时效性、技术性、效益型和跨国性。

正是由于知识产权的特殊性，导致在知识产权纠纷的诉讼中，当事人因司法管辖发生争议，为确定适当的管辖法院而占用大量时间精力与司法资源的情况屡见不鲜，由此导致了当事人要付出大量诉讼费用，应对复杂的诉讼程序。针对知识产权纠纷的特殊性，仲裁的高效性、专业性、一裁终局等优势就突出反映出来了。我国积极推动和指导建立健全有机衔接高效便捷的知识产权争议解决机制，积极支持仲裁机构开展高水平、专业化知识产权纠纷解决服务。知识产权仲裁对完善我国知识产权大保护格局，促进知识产权高效利用和经济社会高质量发展发挥了积极的作用。

（1）知识产权仲裁的分类

知识产权仲裁可分为狭义与广义两类。狭义知识产权仲裁的依据是知识产权合同中订立的仲裁条款或者在知识产权纠纷发生前或纠纷发生后以其他书面方式达成的请求仲裁的协议。知识产权合同主要是指知识产权许可合同、转让合同及关于知识产权的开发合同、咨询合同与其他服务合同。传统意义上的知识产权仲裁基本上是指关于有仲裁条款的知识产权合同纠纷的仲裁。我国《仲裁法》并不要求当事人必须在发生纠纷之前达成仲裁协议。因此，知识产权权属纠纷、侵权纠纷发生后，当事人达成仲裁协议的，亦可依法进行知识产权仲裁。我国法律的弹性机制使知识产权仲裁的范围大为扩展。

广义的知识产权仲裁是指与知识产权有关的其他纠纷的仲裁。例如，特许经营协议、代理商协议、经销商协议、资产托管协议、投资与入股协议等合同中有知识产权条款，当事人在依据其仲裁条款或者仲裁协议进行仲裁时提出关于知识产权的主张（如请求对方停止使用商标等知识产权客体），或者纠纷的解决涉及知识产权问题（如竞业禁止条款、商业秘密保护等）。

（2）知识产权合同的仲裁协议有效性

①有效的仲裁协议

根据《仲裁法》第3条的规定，应当由行政机关处理的行政争议不能仲裁。那么，仲裁事项（例如关于专利共有协议的纠纷、雇佣合同中关于职务发明创造的纠纷等）如果并非行政争议本身，仅与应当由行政机关处理的行政争议有关，是可以付诸仲裁的。而且，在知识产权仲裁程序中，即便出现了应当由行政机关处理的行政争议，仲裁庭也可以中止审理，在行政争议得到处理之后再继续仲裁。为了避免仲裁程序的拖延，专利许可和转让协议普遍约定“非质疑条款”或“非挑战条款”，防止因被许可人申请宣告专利权无效而造成仲裁程序的中止。

② 无效的仲裁协议

如前所述，行政机关处理的行政争议不能仲裁。虽然在涉及专利、商标、集成电路布图设计、地理标志、植物新品种等知识产权的仲裁案件中，存在大量应当依法由行政机关授权、批准、登记、备案等方式处理的争议，但是这并不意味着应将大量知识产权纠纷（特别是工业产权纠纷）径行排除在仲裁范围之外，同时也不应违反法律规定将不可仲裁的纠纷付诸仲裁。

以专利为例，专利授权、专利权无效宣告、强制许可及许可使用费、推广应用等应当经专利主管部门决定；专利权转让、专利权质押、专利权终止等应当经专利主管部门登记；此外，向外国人转让专利权或者向外国申请专利的，还应依法办理有关的行政审查手续。上述事项均是必须经国务院专利行政机关（国家知识产权局专利局复审和无效审理部）或者其他行政机关处理的行政争议，不属于可仲裁的范围，其仲裁协议自然也无法得到法院的支持。

德国、意大利、芬兰、加拿大等国的规定与我国类似，也将专利无效等行政争议排除在仲裁范围之外。但是，美国、荷兰、比利时等国法律则允许专利无效等纠纷付诸仲裁，但是裁决结果仅限在案件当事人之间有效。

2. PPP 合同

PPP，即 Public-Private Partnership，通常指政府与社会资本方就基础设施建设项目等事项达成的合作关系。各国对 PPP 模式规定不一，我国对 PPP 模式的具体定义可见 2014 年财政部《关于推广运用政府和社会资本合作模式有关问题的通知》（现已被废止）、2014 年发改委《国家发展改革委关于开展政府和社会资本合作的指导意见》、2015 年财政部、发改委、人民银行《关于在公共服务领域推广政府和社会资本合作模式的指导意见》、2017 年国务院法制办《基础设施和公共服务领域政府和社会资本合作条例（征求意见稿）》等多个文件。概括来看，我国的 PPP 模式由社会资本方代替政府承担投资、建设、运营等具体事项，并以使用者付费、政府付费、政府补助等作为获益来源。

PPP 模式下，政府与社会资本方通过订立合同明确双方权利义务关系。PPP 合同主体为政府与社会资本方，合同内容围绕项目建设展开。由于 PPP 合同主体的二元性质与合同内容的特殊性，如何界定 PPP 合同的法律性质便成为理论难题。行政合同说强调政府在 PPP 合同中的核心地位，将 PPP 项目合同概论为行政合同；民事合同说则从合同内容出发，认为 PPP 项目合同与平等民事主体订立的民事合同无异；混合合同说兼具上述理论，认为无法从行政或民事视角对 PPP 项目合同进行单一判断，应用双重性质加以概括。

（1）《行政协议规定》下的 PPP 合同

我国最高人民法院审判委员会于 2019 年 11 月 12 日通过的《最高人民法院关于审理行政协议案件若干问题的规定》（以下简称《行政协议规定》）第 26 条规定："行政协议约定仲裁条款的，人民法院应当确认该条款无效，但法律、行政法规或者我国缔结、参加的国际条约另有规定的除外。"根据该规定，很多观点认为 PPP 合同属于行政协议，其仲裁协议应被确认为无效。

但是，也有学者认为PPP合同不能一概而论，应当视合同的特性确定其法律属性。对于行政协议的判断标准，应当回归法律规定的“行政法上的权利义务”这一概念上。在确定“行政法上的权利义务”时，可依据两项指标加以测试：一是直接目的标准，二是权利属性标准。所谓直接目的标准是看权利义务的设定或实现是否为了实现行政管理目标，服务于公共利益。所谓权利属性标准是看行政机关所处分的权利是其作为行政机关所特有的权利，还是私主体也享有的权利。基于这两个要件，可以看出并非所有的行政机关与私主体所签订的协议都属于行政协议。如果双方签署的协议处分的是民商事的权利义务，那么这种协议即属于传统的民商事合同；只有当行政机关与私主体订立的协议具有行政法上的权利义务内容时，这种协议才属于行政协议。因此，虽然根据现行法律PPP合同为行政协议，但是两类PPP合同需要特别讨论，一类是不直接涉及行政法上权利义务处分的PPP合同，另外一类是PPP合同的从合同和相关合同。

①不直接涉及行政法上权利义务处分的PPP合同

从现有的各种规定可以看出，PPP的核心特征在于社会资本参与公共项目或公共事业，因而并不必然涉及作为当事人一方的政府机关行政法上的权利义务。因此，必然会存在不具有行政法上权利义务内容的PPP合同。下列协议由于并不直接涉及行政法上的权利义务的处分，因而，不应被认定为行政协议。其一，TOT协议。TOT（Transfer-Operate-Transfer的缩写，即移交—经营—移交）是PPP模式中的一种，通常是指政府部门或国有企业将建设好的某一项目在特定期限内的所有权或经营权，有偿转让给私主体，由其运营管理；私主体在约定的期限内通过经营收回投资并获得回报；在约定期满时，私主体再将该项目交还政府部门或原国有企业。其二，ROT协议。ROT（Retrofit-Operate-Transfer的缩写，即投资改造—运营—移交）可看作是TOT

模式的衍生模式。在这种模式下，也是由私主体以有偿受让方式从政府或国有企业获得现有项目，通过营运该项目获得投资回报，并在约定期限届满时将该项目无偿移交给政府或原国有企业。其三，O&M 协议。O&M（Operations & Maintenance 的缩写，即委托运营），是指政府将某一现存项目交由私主体运营维护，私主体为此而获取收入。

② PPP 合同的从合同和相关合同

PPP 项目的合同体系通常会包括 PPP 项目合同、股东协议、履约合同（包括工程承包合同、运营服务合同、原料供应合同、产品或服务购买合同等）、融资合同和保险合同等。其中，PPP 项目合同是整个 PPP 项目合同体系的基础和核心。在诸多合同当中，有的合同是 PPP 主合同的从合同，有的则是与 PPP 主合同相关的合同。在多数情况下，相关合同是 PPP 主合同的私主体一方为了实施 PPP 主合同而与其他实体签订的民商事合同，不应因其与特许经营有关联关系而将其认定为行政协议。常见的此类协议有：其一，项目设计协议。与 PPP 合同相关的项目设计协议通常是 PPP 合同的私主体或其所设立的项目公司（统称建设单位）与设计单位就项目设计所签订的合同。其二，建设工程施工协议。许多 PPP 项目涉及基建施工，因此，需要私主体或其所设立的项目公司（统称发包方）与施工单位（承包方）签订建设工程施工协议。其三，货物采购协议。PPP 项目的实施经常涉及设备和其他物品的采购，因此，通常需要由私主体或其设立的项目公司与其他缔约方签订货物采购协议。其四，股权转让协议。PPP 项目经常由私主体所成立（或与政府合资成立）的项目公司来实施。

（2）《仲裁法（征求意见稿）》的创新

对比 2017 年《仲裁法》第 2 条、第 3 条之规定，本次 2021 年《仲裁法（修订）》（征求意见稿）将扩大可仲裁事项范围作为修改重点。现有《仲裁法》（征求意见稿）中于第 2 条第 1 款减少了对可仲裁纠纷的主体要求，删除“平等主体”的限定，以自然人、法人和其他组织之间的合同纠纷和其他财产权益纠纷取而代之。同时,《仲裁法》(征求意见稿）进一步减少不可仲裁的行政争议的范围，于第 2 条第 2 款第 2 项中明确只有法律规定应当由行政机关处理的行政争议不能仲裁，而非原先“依法”的表述。最后,《仲裁法》(征求意见稿）于第 2 条第 3 款明确其他法律另有规定的兜底条款，表明若其他法律有特别规定的，从其规定。

相较于《仲裁法》，将可仲裁纠纷范围从平等主体之间扩大至一般自然人、法人、其他组织之间无疑是本次《仲裁法》(征求意见稿）的改革亮点。这一法律规定修改将意味着仲裁这一纠纷解决机制不再仅限于解决平等主体之间的纠纷，还可对多级、复合性质主体之间的纠纷发挥作用。同时《仲裁法》(征求意见稿）将不能仲裁的行政争议范围从“依法”不能仲裁缩小至“法律规定”不能仲裁的做法，将进一步强化仲裁的重要性和普及性，帮助实践中厘清由行政法规、地方性法规、行政规章等规定引发的质疑和讨论。最后,《仲裁法》(征求意见稿）在制度安排上将《仲裁法》第 3 条“不能仲裁的纠纷”的规定并入第 2 条，将为可仲裁事项范围进一步厘清界限，提升准确度，并为其他法律的衔接适用作出准备。

《仲裁法》(征求意见稿）的出台将为仲裁解决 PPP 合同纠纷提供有力依据。如上所述，此前在法律层面 PPP 合同纠纷被定性为由行政协议引发的争议，因此也仅有《行政诉讼法》为其明确规定了行政诉讼为争议解决渠道。加之《仲裁法》亦明确仅平等主体之间纠纷可通过仲裁解决，因此尽管实践中不少观点认为 PPP 合同纠纷并非单纯的行政纠纷，而是带有民事性质，仲裁对于 PPP 合同纠纷具有一定优势，并存在一定的实践经验，但 PPP 协议纠纷是否具有可仲裁性仍然存在争议，PPP 合同纠纷领域的仲裁实务发展缓慢。本次《仲裁法》(征求意见稿）对可仲裁事项范围的重大调整，将为 PPP 合同纠纷中的仲裁协议效力问题提供新的司法标准。

3. 体育合同

体育仲裁早在 1995 年就写入《体育法》，但在很长一段时间内并未出台相关细则落实体育仲裁制度。没有仲裁制度，而且大部分法院会依据上述法律条文选择不受理体育纠纷，以致不少运动员卷入欠薪等纠纷之后，只能在行业内部进行调解解决。目前，足协和篮协等机构都有成立仲裁委员会，处置行业内部的各类纠纷。当前，中国竞技体育发展改革已经步入深水区，《体育法》于 2022 年进行修订，新增“体育仲裁”章节，国家体育总局于 2022 年 12 月 22 日公布了《体育仲裁规则》，《体育法》（2022 年修订）与《体育仲裁规则》均于 2023 年 1 月 1 日起施行，以解决体育纠纷解决机制特别是体育仲裁缺失问题，改变长期以来体育仲裁规定一直未能落地的现状，建立适合中国国情的体育仲裁制度。

《体育法》第九章搭建的体育仲裁制度，虽然只有 10 条，但涵盖了体育仲裁的独立地位、体育仲裁范围、机构设置、与体育组织内部救济的衔接、裁决的法律效力等基础性内容，框架较为完整，具有较强的可操作性。“体育仲裁”明确国家建立体育仲裁制度，及时、公正地解决体育纠纷。该章规定了体育仲裁的原则、范围、程序等基本制度，确定了体育仲裁委员会的组建规则，明确了体育仲裁与体育组织内部纠纷解决机制、其他仲裁制度、法院司法管辖等的关系，规定了建立体育仲裁特别程序等。体育仲裁制度的建立，破解了长期以来困扰我国体育纠纷解决的制度障碍，有利于在体育领域中强化法律和规则意识，开辟新的权利救济渠道，及时、公正地解决体育纠纷，更好地保护当事人合法权益，同时也能在一定程度上避免国内纠纷国际化问题的出现。

《体育法》建立了独立的体育仲裁制度，第 92 条明确了体育仲裁的范围。根据该条规定，因不服体育组织取消参赛资格、取消比赛成绩、禁赛等决定而引发的纠纷，因运动员注册、交流发生的纠纷可以申请体育仲裁，此外用兜底的形式规定“在竞技体育活动中发生的其他纠纷”也属于体育仲裁范围。值得注意的是，第 92 条还将《仲裁法》和《劳动争议调解仲裁法》规定的可仲裁事项作了排除，这意味着劳动争议和平等主体之间的财产权益纠纷不能提交体育仲裁来解决。

《体育法》已于 2023 年 1 月 1 日正式生效，体育合同中约定仲裁协议不会因为无法可依而无效。应当注意的是，即便该仲裁协议有效，如果属于《体育法》第 92 条的纠纷，将按照《体育法》的仲裁法律体系进行，但如果不属于第 92 条的纠纷，则应按照《仲裁法》的规定进行仲裁。对于属于第 92 条的纠纷，法院是否应当按照现行法律进行司法审查，还要以法律规定为准，但是本课题组认为，属于第 92 条的纠纷不应完全按照现行法律进行审查，因为体育仲裁是独立的体育仲裁制度，除了依当事人的意思自治外，还有强制仲裁，第 92 条已经明确了体育仲裁范围，第 93 条、第 94 条也分别对规则和程序进行了专门规定，法律已经体现出了体育仲裁的特殊性，因此，对于仲裁协议的审查也不应完全按照商事仲裁的标准，应当制定属于体育仲裁的仲裁协议审查标准。

二、仲裁协议对非签字方的约束力问题

（作者：章杰超）

通常而言，当事人提起仲裁的前提是其与相对方之间签订有仲裁协议，即参与仲裁程序的主体应当是仲裁协议签订人。对此，《仲裁法》第 4 条有明确规定：“当事人采用仲裁方式解决纠纷，应当双方自愿，达成仲裁协议。没有仲裁协议，一方申请仲裁的，仲裁委员会不

予受理。”但在现实当中，确实存在诸多仲裁协议的签订人因为各种原因无法、无需甚至不应参与到仲裁程序中，但非仲裁协议的签署方却需要或应当进入仲裁程序中的情形，学理上称为“仲裁协议效力的扩张”。

事实上，这种扩张既具有现实必要性，也符合世界发展潮流。“由于社会经济生活的复杂多样性，伴随着法学理论的更新、改良乃至法律的改进，特别是20世纪70年代以来各国相继革新仲裁立法、鼓励仲裁发展的潮流的出现和不断扩大，在此情况下，不少国家的立法、司法和仲裁实践、仲裁理论逐步承认仲裁条款对未签字的当事人具有法律约束力。”①“由于国际商事交往的复杂性，如果机械地理解国际商事仲裁协议的效力问题，则许多国际商事争端无法公平、经济地解决。于是，在各国及国际的国际商事仲裁立法及实践中，就产生了允许或要求非仲裁协议的签约方的第三人参加国际商事仲裁的现象。”②在我国司法审查实践中，也有诸多这个方面的案例，但对于特定情形下仲裁协议效力应否扩张，有些已经形成共识，有些则仍然存在分歧，甚至争议巨大。本部分基于对人民法院大量确认仲裁协议效力和撤销仲裁裁决案件的分析，就不同情形下仲裁协议效力是否应当得到扩张展开研究。

根据非仲裁协议签订人参与到仲裁中的原因不同，本文将基于主体自身情况变化、基于当事人的行为、基于法律规定和其他情形几个部分进行分析和探讨。

---

① 赵健:《长臂的仲裁协议：论仲裁协议对未签字人的效力》，载《中国国际私法与比较法年刊》2000年第1期，第515页。

② 周立胜:《论国际商事仲裁协议对第三人的效力》，载《求索》2010年第6期，第152页。

（一）基于主体自身情况变化

在一些情形下，当事人在签订仲裁协议后，因自身情况发生变化而在客观上无法参与到仲裁程序当中，这些情形主要包括当事人合并分立、注销和死亡。就前述情形而言，有些已被法律或司法解释所规定，争议相对较小，但仍有些情形处于模糊地带，司法实践中的观点也不尽一致。

1. 当事人合并分立

在当事人为法人或非法人组织的情况下，在签订仲裁协议后可能会被合并或分立，原主体有可能被注销，而一旦被注销，则其在存续期间与他人签订的仲裁协议无法继续对其产生约束，被注销主体客观上已无法参与到仲裁程序之中。但与此同时，不论是合并还是分立，必然会有新的主体承继被注销主体的权利和义务，由其取代被注销主体参与到仲裁程序之中当属应有之意。在实体法层面，《公司法》以及《民法典》等法律对当事人合并分立后权利义务如何承担均有所规定[①]。相应地，在仲裁协议的约束力层面，《仲裁法解释》第 8 条第 1 款规定："当事人订立仲裁协议后合并、分立的，仲裁协议对其权利义务的继受人有效。"从笔者所查询到的案例来看，前述法律和司法解释中的规定在司法实践中得到了普遍遵循。

（1）公司合并

以当事人合并为例，重庆市第一中级人民法院（2018）渝 01 民特

① 《公司法》（2023）第 221 条规定："公司合并时，合并各方的债权、债务，应当由合并后存续的公司或者新设的公司承继。"第 223 条规定："公司分立前的债务由分立后的公司承担连带责任。但是，公司在分立前与债权人就债务清偿达成的书面协议另有约定的除外。"《民法典》第 67 条规定："法人合并的，其权利和义务由合并后的法人享有和承担。法人分立的，其权利和义务由分立后的法人享有连带债权，承担连带债务，但是债权人和债务人另有约定的除外。"

1 号民事裁定书认定，“本案中，渝典公司吸收合并了浩泰公司，浩泰公司因此而注销。那么，浩泰公司的所有权利、义务均应由渝典公司享有和承担，浩泰公司签署的合同亦对渝典公司产生法律效力。……仲裁条款对渝典公司产生法律效力”。由此，明确了公司合并的情况下，被注销公司在注销前所签订的仲裁协议能够约束合并后的新公司。

（2）公司分立

以当事人分立为例，山东省青岛市中级人民法院（2016）鲁 02 民特 43 号民事裁定书认定，“华顺通公司系由青岛华旅运输有限公司下属的五、六分公司分立改制而来，……华顺通公司虽然不是涉案 A018 号《客运车辆承包管理合同》直接的相对方，但是其作为青岛华旅运输有限公司的权利义务承继单位，理应受涉案 A018 号《客运车辆承包管理合同》约束”。由此，公司分立后的仲裁协议仍具有约束力。

2. 当事人注销

在当事人合并分立的情况下，被注销主体的权利义务必然有新的主体承继。但在大多数情况下，法人或非法人组织被注销之后，并不存在承继未清理权利义务的主体，因为注销后，当事人的主体资格或经营权已被取消①。虽然相关法律都规定了主体注销的前提是完成清算，然而在实践中主体已注销但仍有债权债务尚未清理的情形大量存在，其中多数情形是存在未清理债务，个别情形是还有债权未收回。相关法律或司法解释并未对此作出规定，此时仲裁协议的效力如何确实非常值得关注。

（1）公司注销

公司是最主要的法人，公司注销后仲裁协议的效力问题显得尤为重要，司法实践中关于当事人注销的案例大多也是此类，争议也主要

---

① 参见范健主编:《商法》（第 2 版），高等教育出版社、北京大学出版社 2002 年版，第 66 页。

集中于此。

① 合同相对人向公司原股东提起仲裁

贵州省遵义市中级人民法院（2020）黔03民特174号民事裁定书认定，“关于雅鑫特公司注销后，《投资协议书》《投资补充协议书》中仲裁条款的效力是否及于该公司股东李某良、陈某秀的问题。虽然《投资协议书》《投资补充协议书》的缔约主体系雅鑫特公司，但该公司已经清算并办理了注销登记，李某良、陈某秀作为该公司权利义务继受人，《投资协议书》《投资补充协议书》中仲裁条款对二人仍然有效”。广东省广州市中级人民法院（2021）粤01民特1514号民事裁定书亦认定原股东在公司注销后系合同权利义务的承继人，并明确参照《仲裁法解释》第8条的规定作为管辖的依据[①]。

与前述法院观点不同，新疆维吾尔自治区乌鲁木齐市中级人民法院则对此作了不同的解读和认定，在其（2020）新01民特4–1号民事裁定书中有如下内容，“对于仲裁协议效力的延申，……根据以上法律（指《仲裁法解释》第8条、第9条，笔者注）规定，仲裁协议效力的延申存在于公司合并、分立、当事人死亡发生继承、债权债务转让四种情形。而对于公司注销的情形，法律并未做明确规定。同时，在清算过程中由于清算义务人的原因导致债权人利益受损的，作为清算义务人的股东承担的是一种侵权责任，而并非合同责任，股东并不受之前处理合同争议的仲裁协议的约束。综上所述，乌鲁木齐广播电视台与新疆四和文化传播有限责任公司签订的仲裁协议的效力并不当然延申至金某、吴某芳，仲裁协议对金某、吴某芳无约束力”。

---

① 该裁定书认定，“林某云是世美公司唯一的自然人股东，……因世美公司已注销，……林某云应为世美公司在案涉《工程联营协议》中权利义务的承继人。参照《最高人民法院关于适用〈中华人民共和国仲裁法〉若干问题的解释》第八条的规定……基于上述承继关系，第四建筑公司与林某云均受前述仲裁条款效力的约束”。

②公司原股东向合同相对人提起仲裁

前述案例均是公司注销后，原股东被公司注销前的合同相对人主张债权的情况，但个别情形是公司注销后，由公司原股东向合同相对人主张债权，实践中也有相关案例。

北京市第二中级人民法院（2008）二中民特字第16934号民事裁定书认定，“鲁能英大公司与范某姬之间并没有签订仲裁协议。西单赛特公司注销后，鲁能英大公司作为西单赛特公司的股东依据股东会决议以及另一股东宝利通公司的授权，承继西单赛特公司的债权债务，并不属于‘当事人订立仲裁协议后合并、分立、死亡’的法定权利义务承继情形，也不符合‘债权债务全部或部分转让’的构成要件，故鲁能英大公司无权依据西单赛特公司与范某姬签订的《委托协议书》项下的仲裁协议提起仲裁”。

③评析

通过上述法院的裁定可以看出，由于相关法律或司法解释并未就主体注销后仲裁协议的效力作出规定，不同法院之间观点差异巨大。

一般而言，公司应当在所有的债权债务清理完毕之后再注销，也即完成清算。“除因合并、分立而导致的公司解散外，公司解散后须经清算程序了结公司所有法律关系（主要是债权债务关系），使公司债权人和公司股东等人的利益得以实现。”[①]“公司清算是指处理解散公司的各项未了事务，分配其剩余财产，最终结束解散公司所有法律关系、消灭其法人人格的法律行为。”[②]但由于各种主客观原因，确实会存在未清理有关事项而将公司注销的情形，常见的情形有股东出于逃废债务的目的，不切实履行清算职责，恶意注销公司。针对这种情况，如果

① 王红一:《公司解散后悬疑债权处置研究》，载《法商研究》2006年第6期，第98页。

② 江平主编:《新编公司法教程》，法律出版社1994年版，第155页。

不让原股东承担责任，难谓合理。《公司法》（2023）第183条[①]对有限公司股东的清算义务也进行了明确规定。在股东并未依法履行其清算义务的情况下，理应对公司的合同义务承担责任。也正是基于此，不少登记部门在办理公司注销登记时，要求原股东承诺如公司有债权债务纠纷由股东按出资比例承担。针对这一现状，如果允许原股东可以不受公司签订的仲裁协议的约束，似无充分依据。

因此，从笔者查询到的案例而言，大多数法院还是会参照《仲裁法解释》第8条，认定股东系仲裁协议权利义务的承继人，进而认定仲裁机构享有管辖权。但确实也有一些法院持不同观点，认为原股东不应受公司签订的仲裁协议的约束，尤其是在股东作为权利人向公司合同相对人主张权利时，更是如此。

笔者认为，在公司股东未严格履行清算义务而将公司注销的情况下，股东应当承担公司所签订合同项下的义务，合同中的仲裁协议亦应对其产生约束，否则，可能会导致股东恶意逃废债务，或者恶意规避管辖的情况出现。正如有学者指出，“终止制度的意旨虽指向‘死亡’，但不代表无序离开”[②]。在原股东以债权人身份出现向公司合同相对方主张权利的情况下，则相对较为复杂，因为公司的债权未清理可能是出于主观原因，也可能是由于客观原因暂时无法清理。笔者认为，在由于主观原因未清理的情况下，可以视为公司或股东放弃其债权，公司注销后不应再允许股东另行主张，否则有违诚信原则。但是否因

① 该条规定：“公司因本法第一百八十条第（一）项、第（二）项、第（四）项、第（五）项规定而解散的，应当在解散事由出现之日起十五日内成立清算组，开始清算。有限责任公司的清算组由股东组成，股份有限公司的清算组由董事或者股东大会确定的人员组成。逾期不成立清算组进行清算的，债权人可以申请人民法院指定有关人员组成清算组进行清算。人民法院应当受理该申请，并及时组织清算组进行清算。”

② 张阳：《商事主体终止的制度检视及其结构优化》，载《交大法学》2022年第2期，第129页。

主观原因未清理债权，证明责任在合同相对方，仍需通过实体审理才能确定。若是由于客观原因未清理债权，则应当允许股东主张。因此，不论原股东出于何种原因未清理债权，合同相对方的抗辩权均需通过审理程序才能切实主张，在合同中存在仲裁条款的情况下，公司原股东或合同相对人不受其约束，并无依据。

值得注意的是，《公司法》（2023）第 232 条对清算义务主体作了新的规定："公司因本法第二百二十九条第一款第一项、第二项、第四项、第五项规定而解散的，应当清算。董事为公司清算义务人，应当在解散事由出现之日起十五日内组成清算组进行清算。清算组由董事组成，但是公司章程另有规定或者股东会决议另选他人的除外。清算义务人未及时履行清算义务，给公司或者债权人造成损失的，应当承担赔偿责任。"明确公司董事为清算义务人，这一规定与《公司法》（2018）存在较大差异。可以想见的是，原董事替代公司原股东应系大概率事件。

（2）合伙企业注销

合伙企业是典型的非法人组织，其在签订仲裁协议后注销的后果与公司类似，只不过公司注销后约束原股东，合伙企业注销后则约束原合伙人。河北省石家庄市中级人民法院（2020）冀 01 民特 169 号民事裁定书认定，"申请人郭某杉与北京华豫中心、被申请人河北豫成公司签订的合同编号为 HY-GP-201511A-005 的《股权转让协议》第九条，约定请求仲裁的意思表示以及选定的石家庄仲裁委员会，是各方的真实意思表示，合法有效。现申请人郭某杉以北京华豫中心被注销，主张上述《股权转让协议》中约定的仲裁条款无效。但根据《最高人民法院关于适用〈中华人民共和国仲裁法〉若干问题的解释》第八条规定，即使北京华豫中心被注销，上述《股权转让协议》中约定的仲裁条款仍然有效"。

（3）分公司注销

与公司注销不同，分公司注销后，此前以其名义签订的仲裁协议效力如何，相对而言争议要小得多。“分公司实际上并不是法律意义上的公司，而只是本公司的组成部分或业务活动机构。”[①]《公司法》第13条第2款明确规定：“公司可以设立分公司。分公司不具有法人资格，其民事责任由公司承担。”在分公司注销的情况下，其民事责任应由公司承担，仲裁协议亦应对公司发生效力。

北京市第四中级人民法院（2021）京04民特805号民事裁定书即认定，“案涉仲裁协议的签订主体为中交公司乾安分公司，该分公司为中交公司所设立、注销。该分支机构设立期间签订的仲裁协议应对其被注销后承继其权利义务的法人具有约束力。……案涉仲裁协议……合法有效，并对中交公司具有法律约束力。中交公司以其与乾安瑞隆公司之间不存在仲裁协议为由主张仲裁协议无效，无事实和法律依据，本院不予支持”。重庆市第一中级人民法院（2012）渝一中法民初字第00636号民事裁定书持类似观点[②]。

事实上，在仲裁协议由分公司签订的情况下，即使该分公司未注销，在有些案件中合同相对方直接以总公司或将总公司和分公司一并列为被申请人提起仲裁，亦可以得到法院的支持。比如，安徽省阜阳市中级人民法院（2018）皖12民特27号民事裁定书即认定，“天创公司及其阜阳分公司称没有仲裁条款的理由与事实不符，本院不予采信。天创公司称天创阜阳分公司与杨某签订的合同对其没有约束力，否则就剥夺其诉讼申辩的权利系对法律规定的误解，亦没有事实和法律依

① 赵旭东主编：《公司法学》，高等教育出版社2003年版，第59–60页。

② 该裁定书认定，“渝中分公司系大山公司的分公司，渝中分公司注销后，其权利义务应当由大山公司承继，渝中分公司与建翔公司签订的劳务分包合同上的权利义务亦应当由大山公司承继。相应地，该劳务分包合同上的仲裁协议条款对大山公司亦具有法律效力”。

据，本院不予采信”。当然，针对此种情形，持不同观点的案例亦是存在的[①]。

3. 当事人死亡

自然人签订仲裁协议后，如因各种原因死亡，则确定无法参与仲裁。如该自然人无继承人或无人继承仲裁协议中权利义务的，则仲裁协议即应失效；但如有继承人且其继承了仲裁协议相关的权利义务，则仲裁协议应对其有效。这也是《仲裁法解释》第 8 条第 2 款所规定的内容。其理由在于，虽然继承人并不是该案仲裁协议的一方当事人，但因其继承了被继承人所有的权利和义务，而这些权利义务应包括被继承人根据仲裁协议进行仲裁的权利和义务，应当认定继承人已取代被继承人在仲裁程序中的地位[②]。

司法实践中就此也有大量案例，各个法院均对自然人生前签订的仲裁协议效力进行了确认。广东省广州市中级人民法院（2018）粤 01 民特 214 号民事裁定书认定，“佘某松称其与黄某宏、李某勤、李某德之间无仲裁协议，但是根据《最高人民法院关于适用〈中华人民共和国仲裁法〉若干问题的解释》第八条的规定，虽然佘某松与黄某宏、李某勤、李某德没有直接订立仲裁协议，但依法可以适用《土地开发投资合作合同》的仲裁条款”。上海市第一中级人民法院（2019）沪 01 民特 67 号民事裁定书亦认定，“两申请人作为韩某的法定继承人，在案涉仲裁条款未作出特别约定的情形下，案涉仲裁条款对申请人具有

① 比如，河南省洛阳市中级人民法院（2012）洛民三初字第 2 号民事裁定书认定，“鉴于作为合同一方当事人的洛阳市 ×× 汽车运销贸易有限公司三十八分公司为企业非法人单位，具有相应的民事权利能力和民事义务能力，因此应由其承担合同的相应责任，洛阳市 ×× 汽车运销贸易有限公司与洛阳 ×× 汽车运输有限公司之间未签订仲裁协议，仲裁裁决书将其列为一方当事人不正确”。

② 参见马占军:《我国仲裁协议效力认定研究》，载《环球法律评论》2008 年第 5 期，第 53 页。

法律约束力”。

（二）基于当事人的行为

1. 债权债务转让

当事人在签订合同之后，可以通过约定将债权债务全部转让给第三人。“合同概括让与一经订立，并经另一方同意的，新的当事人即替代原当事人之地位，成为合同当事人。”[①] 转让完成时，让与人即退出原合同关系，也无需再受制于转让前所签订的仲裁协议，否则就会失去债权债务转让的意义。而债权债务受让人与原合同相对人成立新的合同关系，应当受到仲裁协议的约束。就此情形，《仲裁法解释》第 9 条作了明确规定[②]。

上海市第一中级人民法院（2018）沪 01 民特 367 号民事裁定书认定，“本案中，首先，依据前述规定，债权债务关系转移的，仲裁条款随之转移给受让人；其次，永宁坪公司并未提交任何证据，证明其在受让二号井资产时，明确反对《合作协议》中的仲裁条款之情形；最后，仲裁协议内容约定在《合作协议》中，并非单独仲裁协议，不存在永宁坪公司不知情的情形。因此，陈某标与二号井签订的《合作协议》中约定的仲裁条款之义务，对永宁坪公司有效”。山西省大同市中级人民法院（2020）晋 02 民特 9 号民事裁定书亦认定，“本案债权转让时，三方当事人均未对《工业品买卖合同》中的仲裁条款提出异议，故该仲裁条款对各方均有约束力”。

2. 隐名代理

《民法典》第 925 条、第 926 条均对隐名或间接代理进行了规定。

---

① 王洪亮：《债法总论》，北京大学出版社 2016 年版，第 472 页。

② 该条规定：“债权债务全部或者部分转让的，仲裁协议对受让人有效，但当事人另有约定、在受让债权债务时受让人明确反对或者不知有单独仲裁协议的除外。”

“所谓间接代理，系指代理人以自己的名义，为本人计算，而为民事行为。”[①] 在隐名代理的情况下，委托人并非合同的签订主体。因此，尤其是在第三人并不知道委托人的存在，而委托人作为仲裁申请人、第三人作为被申请人的情况下，第三人可能会对仲裁管辖权提出挑战。

浙江省杭州市中级人民法院（2021）浙01民特25号民事裁定书认定，“王某系案涉房屋的所有权人，就案涉房屋装修事宜与王某生、李某生存在委托合同关系。王某生、李某生作为受托人，就案涉房屋采购石材以自己的名义与曼陀罗公司订立合同。尽管现有证据不能体现曼陀罗公司在订立合同时知道受托人和委托人之间的代理关系，但受托人因曼陀罗公司的原因对委托人不履行义务产生争议时，受托人向委托人王某披露曼陀罗公司后，王某依法可以依据《销售合同》及《补充协议》行使对第三人曼陀罗公司的权利，并应受合同中仲裁条款的约束。王某已以申请仲裁的实际行为表明其愿意接受仲裁条款的约束，曼陀罗公司作为订立合同及仲裁条款的一方当事人亦应受仲裁条款的约束。因此，王某与曼陀罗公司之间的买卖合同纠纷存在有效的仲裁协议，应由杭州仲裁委员会仲裁”。

从上述法院裁定可以看出，即使是在隐名代理且第三人并不知道委托人存在的情况下，法院仍然认为仲裁协议对委托人和第三人产生约束。应当说，这样的认定既符合法律规定，也符合法理。正如有观点指出，即便在受托人未主动披露代理关系的隐名代理中，仲裁条款作为双方当事人约定的争议解决条款，体现了双方当事人将相关纠纷提请仲裁的合意，认定其有效约束委托人既符合隐名代理的立法精神，也与仲裁制度的目的和本质相契合，具有合法性与合理性[②]。而如果在

① 崔建远:《合同法》，北京大学出版社2012年版，第598页。

② 参见邢文正:《隐名代理中仲裁条款的效力研究》，载《北京仲裁》第111辑，中国法制出版社2020年版，第92页。

第三人本已知晓委托人的情况下，则更无争议，江苏省南京市中级人民法院（2020）苏01民特23号[①]、湖南省常德市中级人民法院（2019）湘07民特54号[②]等民事裁定书对此均有认定。

3. 合同未成立

仲裁协议亦是合同的一种形式，其同样受到是否成立的约束。只是仲裁协议经常以合同中仲裁条款的形式出现，此时合同成立与否对仲裁协议是否成立通常会产生影响，但这种影响并不是必然的。“在主合同因欠缺当事人一方的最终有效签章而不成立的情况下，不应机械认定其中的仲裁条款亦不成立。”[③]因此，《仲裁法解释》第10条第2款才会作如此规定：“当事人在订立合同时就争议达成仲裁协议的，合同未成立不影响仲裁协议的效力。”

最高人民法院（2019）最高法民特3号民事裁定书认定，“虽然运裕公司等没有在最后的合同文本上盖章，其法定代表人也未在文本上签字，不符合合同经双方法定代表人或授权代表签字并盖章后生效的要求，但根据《仲裁法解释》第十条第二款的规定，即使合同未成立，仲裁条款的效力也不受影响。在当事人已达成仲裁协议的情况下，对于本案合同是否成立的问题无需再行认定，该问题应在仲裁中解决”。

前述裁定明确无误地透露了这样的信息：当事人有无达成仲裁协

---

① 该民事裁定书认定，“按照《合同法》第四百零二条的规定，嘉善世豪公司自动介入的条件已经满足，本案合同直接约束马努查公司和嘉善世豪公司，马努查公司应当向嘉善世豪公司主张权利并提出相应的仲裁请求。……嘉善世豪公司主张其并非《商业合同》的签约方，据此主张编号为×××的《商业合同》项下的仲裁协议无效的意见，证据不足，本院不予支持”。

② 该民事裁定书认定，“湘西北机电城与投资服务中心具有委托代理关系，投资服务中心与聂某玲签订《委托投资合同》时，披露了投资服务中心与湘西北机电城之间的委托代理关系，……故依据《合同法》第四百零二条……之规定，《委托投资合同》中约定的仲裁条款亦应约束湘西北机电城”。

③ 曹克睿、陆烨：《合同未成立时仲裁条款成立要件之司法审查》，载《人民司法》2020年第29期，第65页。

议是仲裁管辖权能否成立的基础，只要仲裁协议达成，合同成立与否应当是通过仲裁解决的问题，而非只要合同不成立，仲裁协议就也不成立。仲裁协议是否达成与合同是否成立并非同一层面的问题，因为仲裁协议作为合同中的争议解决条款，在某种意义上是独立于合同之外的内容。正如有学者指出，“仲裁协议不像一般民商事合同，直接规定当事人之间的实体权利义务，而是规定一种解决争议的方式，通过它来确定当事人之间的实体权利义务，从而体现出间接性”。[①]“仲裁协议来源于实体法上契约，但在国家法律承认其所具有的程序法上效力后，这种协议也就相应地具有显著的诉讼法上的特点。”[②]

（三）基于法律规定

非仲裁协议签订人参与到仲裁程序当中，除了当事人的因素之外，还有可能是基于法律的规定，比如保险代位求偿权和真正利益第三人合同。

1. 保险代位求偿权

保险代位求偿权是一种法定债权转让，《保险法》第 60 条第 1 款规定：“因第三者对保险标的的损害而造成保险事故的，保险人自向被保险人赔偿保险金之日起，在赔偿金额范围内代位行使被保险人对第三者请求赔偿的权利。”而《仲裁法解释》第 9 条并未对债权债务的约定转让和法定转让进行区分，因此在法定债权转让的情况下，该条规定亦应适用。就此，《全国法院民商事审判工作会议纪要》第 98 条亦有明确规定[③]。

---

① 黄进、宋连斌、徐前权：《仲裁法学》，中国政法大学出版社 2007 年版，第 78 页。

② 侯登华：《仲裁协议的法律性质分析》，载《法学杂志》2006 年第 4 期，第 125 页。

③ 该条中有如下内容：“保险代位求偿权是一种法定债权转让，保险人在向被保险人赔偿保险金后，有权行使被保险人对第三者请求赔偿的权利。被保险人和第三者在保险事故发生前达成的仲裁协议，对保险人具有约束力。”

广西壮族自治区北海市中级人民法院（2021）桂05民特84号民事裁定书认定，“中国平安财保公司基于向平安普惠公司履行了保险责任，而对官某娇享有保险代位求偿权，即有权行使平安普惠公司对官某娇请求赔偿的权利。保险代位求偿权系一种法定债权转让，根据……规定，平安普惠公司与官某娇、肖某于《确认函》中达成的仲裁协议，对中国平安财保公司具有约束力”。上海金融法院（2019）沪74民特10号民事裁定书亦认定，“西门子公司对于太平洋公司无锡分公司享有保险代位求偿权并无异议，而保险代位求偿权作为一种法定的债权转让，亦应适用《仲裁法解释》第九条之规定，故《订货合同》对于太平洋公司无锡分公司具有约束力”。

可见，作为一种法定的债权转让形式，保险代位求偿权不但转让实体权利，也转让程序上的权利。正如有学者所述，“在我国的程序法上，保险人代位求偿制度是诉讼程序上的权利义务的转让与承担”。[①] 在被保险人和第三者存在仲裁协议的情况下，保险人向被保险人赔偿保险金取得求偿权后，其与第三者应受仲裁协议的约束。

2. 真正利益第三人合同

真正利益第三人合同制度是《民法典》中的新设规定，给第三人直接向债务人主张权利打开了通道。《民法典》第522条第2款规定：“法律规定或者当事人约定第三人可以直接请求债务人向其履行债务，第三人未在合理期限内明确拒绝，债务人未向第三人履行债务或者履行债务不符合约定的，第三人可以请求债务人承担违约责任；债务人对债权人的抗辩，可以向第三人主张。”

就前述规定而言，应当可以作如下理解：在合同当事人之间存在仲裁协议且约定第三人可以直接请求债务人向其履行债务的情况下，

① 李玉泉：《保险法》（第3版），法律出版社2019年版，第191页。

第三人可以依据仲裁协议向债务人提起仲裁。王利明教授认为，“利他合同的产生，使合同不仅在当事人之间产生了拘束力，而且对第三人也发生了效力，这就在一定程度上突破了合同相对性的规则。然而，这种突破并没有根本改变合同相对性规则，因为这种合同只是为第三人设定权利而不是为第三人设定义务。相反，利他合同的设立，真正使合同更充分地实现了合同当事人尤其是债权人的意志和利益。债权人直接通过其与债务人之间的合同，向第三人提供某种利益，直接由债务人向第三人作出履行，而不是与债务人、第三人分别订立合同或分别作出履行的方式来完成，这就可以减少交易费用，更好地实现债权人的意志和利益”。[①] 虽然笔者目前尚未搜索到基于该理由提起的撤销仲裁裁决或确认仲裁协议效力的案例，但我们应当可以有这样的期待，即法院在此问题上会采取支持仲裁的观点。

（四）其他情形

除了前述情形，实践中还存在其他一些非仲裁协议签订人参与仲裁程序的情形，司法审查在这方面也有诸多案例。

1. 主从合同

“以两个或多个合同相互间的主从关系为标准，可以将它们分为主合同和从合同。”[②] 主合同能独立存在，而从合同必须依附于主合同而存在。在仲裁领域，非仲裁协议签订人被引入仲裁程序中的典型情形是主合同中约定了仲裁条款，而从合同中并未就争议解决作任何约定。在这种情况下，主合同中的仲裁条款能否约束从合同当事人，确实是

---

① 王利明:《合同法研究第一卷》(修订版)，中国人民大学出版社 2011 年版，第 126–127 页。

② 韩世远:《合同法总论》，法律出版社 2018 年版，第 90 页。

很有争议的一个问题。

以最为常见的担保合同或担保函为例，应否受主债务合同中仲裁协议的约束，不同法院对此也是观点各异。北京市第四中级人民法院（2021）京04民特792号民事裁定书认定，“首先，从《承诺担保函》的合同文本、仲裁庭认定事实以及本院审查情况来看，李某作为公司股东知晓《股权转让协议》的签订存在。其次，根据《股权转让协议》的约定，《承诺担保函》属于《股权转让协议》的组成部分，其应受到《股权转让协议》的仲裁条款约束”。而山东省临沂市中级人民法院（2018）鲁13民特248号民事裁定书则认定，“王某出具的担保函没有涉及仲裁条款，因此，因王某不属于借款合同书的当事人，借款合同书的仲裁条款对王某没有约束力”。

就前述情形，有学者倾向于认为主合同的仲裁条款能够约束担保合同的当事人①。但从《最高人民法院关于适用〈中华人民共和国民法典〉有关担保制度的解释》第21条的规定②来看，并不能得出主合同仲裁条款能够约束担保合同的结论。相关的释义亦认为，“主合同的仲裁条款不能约束担保合同，主要是因为虽然担保债务是从债务，但是担保法律关系与主债权债务关系是两个相互独立的法律关系”。③而《仲

① 吴恒:《论连带责任保证中的仲裁协议对保证人的约束力》，载《商事仲裁》2015年第1期，第69页。

② 该条规定:“主合同或者担保合同约定了仲裁条款的，人民法院对约定仲裁条款的合同当事人之间的纠纷无管辖权。债权人一并起诉债务人和担保人的，应当根据主合同确定管辖法院。债权人依法可以单独起诉担保人且仅起诉担保人的，应当根据担保合同确定管辖法院。”

③ 最高人民法院民事审判第二庭:《最高人民法院民法典担保制度司法解释理解与适用》，人民法院出版社2021年版，第236页。

裁法（修订）（征求意见稿）》第 24 条[①]的规定则与前述司法解释的态度又不尽相同。因此，关于主从合同仲裁条款适用方面的争议，可能还将持续一段时间。

2. 当事人未作否认表示

通常来讲，仲裁协议需要具备书面形式。“尽管到目前为止，世界各国和国际社会对仲裁协议的形式要件并没有一个统一的标准，但是通常仲裁协议应该具备书面形式。大多数国家和一些重要的国际条约都对仲裁协议的书面形式作了规定。”[②]1958 年《纽约公约》第 2 条第 2 款规定，书面仲裁协议是指当事人所签订或在互换函电中所载明之契约仲裁条款或仲裁协定。但关于何谓“书面”，在认定方面却存在逐渐放宽的趋势。比如在英国法中，“只要有书面记录了仲裁条款 / 协议，当事方可去引进其他的证据来说明双方的行动或口头上对此书面记录的同意”。[③]“按照《英国仲裁法》的规定，对于原本是口头的仲裁协议，无论是在仲裁程序中还是在法院诉讼程序中，只要一方当事人在程序交换文件提出，另一方在回复时不否认，就算达成了协议。”[④]

这种放宽仲裁协议书面要求的趋势在国内各大仲裁机构的仲裁规则中都有明确的体现。《北京仲裁委员会仲裁规则（2022 版）》第 4 条第 3 款规定：“在仲裁申请书和答辩书的交换中，一方当事人声称有仲裁协议而另一方当事人不作否认表示的，视为存在书面仲裁协议。”《中国国际经济贸易仲裁委员会仲裁规则（2024 版）》第 5 条第 2 款、

① 该条规定：“纠纷涉及主从合同，主合同与从合同的仲裁协议约定不一致的，以主合同的约定为准。从合同没有约定仲裁协议的，主合同的仲裁协议对从合同当事人有效。”

② 刘晓红、袁发强主编：《国际商事仲裁》，北京大学出版社 2010 年版，第 152 页。

③ 杨良宜：《国际商务仲裁》，中国政法大学出版社 1997 年版，第 77 页。

④ 郭晓文：《国际商事仲裁协议制度研究》，对外经济贸易大学 2005 年博士学位论文，第 112 页。

《上海国际经济贸易仲裁委员会（上海国际仲裁中心）仲裁规则（2015版）》第5条第4款[①]都是基本类似的规定。前述仲裁规则的规定与1985年《示范法》第7条第2款[②]的内容基本一致。而这些规定都普遍得到了法院的认可。

北京市第四中级人民法院（2019）京04民特339号民事裁定书认定，“本案中，魏某于2018年3月23日向珠江公司出具的《担保函》未就双方争议解决方式进行约定，但珠江公司已在仲裁申请书中载明了本案所依据的仲裁协议，且魏某在签收仲裁申请书后，从未对涉案仲裁协议提出过异议，故根据《仲裁规则》的规定，应视为双方存在书面仲裁协议”。广东省广州市中级人民法院（2020）粤01民特621号民事裁定书亦认定，“按照广仲的仲裁规则，在仲裁申请书和答辩书交换中，一方当事人表示有仲裁协议，另一方当事人未作否认并参加庭审，视为接受仲裁协议。当事人未在规定期限内提出管辖权异议的，也视为承认广仲对仲裁案件的管辖权”。

“商事仲裁法中的首要原则是当事人意思自治。”[③]从前述法院裁定也可以看出，当事人的合意是仲裁的基础。但在认定当事人是否有仲裁的意愿时，在某种程度上可以说与传统的意思表示理论并不完全一

① 上述条款基本内容均为：仲裁协议应当采取书面形式。书面形式包括合同书、信件、电报、电传、传真、电子数据交换和电子邮件等可以有形地表现所载内容的形式。在仲裁申请书和仲裁答辩书的交换中，一方当事人声称有仲裁协议而另一方当事人不作否认表示的，视为存在书面仲裁协议。

② 该款内容如下：仲裁协议应是书面的。协议如载于当事各方签字的文件中，或载于往来的书信、电传、电报或提供协议记录的其他电讯手段中，或在申诉书和答辩书的交换中当事一方声称有协议而当事他方不否认即为书面协议。在合同中提出参照载有仲裁条款的一项文件即构成仲裁协议，如果该合同是书面的而且这种参照足以使该仲裁条款构成该合同的一部分的话。

③【英】施米托夫：《国际贸易法文选》，赵秀文译，中国大百科全书出版社1993年版，第611页。

致[①]。“随着社会经济和科技的发展，日益的全球化及立法理念、立法技术的改变与进步，突破仲裁协议书面形式的严格要求，创立新的标准和规则成为必然。”[②]我们可以看到，仲裁规则的规定在此情形下显得至关重要，也是创立新标准的重要推手。如果当事人的行为根据规则能够被解读为具有仲裁意愿，则即使是非仲裁协议签订人，也很可能要受仲裁协议的约束。

（五）小结

通过上述对各类型确认仲裁协议效力和撤销仲裁裁决裁定的分析可以看出，非仲裁协议签订人参与仲裁的情形并不少见，而且随着实践的发展会继续扩展。虽然在某些情形下仲裁协议是否应当约束非签订人还存在争议，但从趋势来看，法院对仲裁确实是秉持越来越支持的态度，这也符合大的发展方向。“实现当事人仲裁意愿和给予仲裁方式解决争议以有利的支持，是当今各国仲裁法及司法实践的发展趋势。”[③]而且，当司法实践积累到一定程度时，相关的裁判规则可能会被立法或司法解释所吸纳，进而为司法实践提供更加有力的规则依据，也会更有利于越来越多的非仲裁协议签订人参与到仲裁程序之中。

---

① 根据传统的意思表示理论，沉默在通常情形下并不能视为意思表示，如史尚宽先生所言，“沉默者视为承诺”之格言，不得为一般标准。参见史尚宽:《民法总论》，中国政法大学出版社 2000 年版，第 350 页。

② 乔欣:《仲裁协议的“长臂”效力：突破与扩张》，载张卫平、齐树洁主编:《司法改革论评》（第 9 辑），厦门大学出版社 2009 年版，第 24 页。

③ 刘晓红:《论仲裁协议效力扩张的法理基础》，载《北京仲裁》第 51 辑，法律出版社 2004 年版，第 61 页。

三、论仲裁协议的放弃

（作者：李沐泽）

（一）放弃仲裁协议的法律规定

《仲裁法》第 26 条规定："当事人达成仲裁协议，一方向人民法院起诉未声明有仲裁协议，人民法院受理后，另一方在首次开庭前提交仲裁协议的，人民法院应当驳回起诉，但仲裁协议无效的除外；另一方在首次开庭前未对人民法院受理该案提出异议的，视为放弃仲裁协议，人民法院应当继续审理。"（以下称该款为"弃仲规定"，称该款述及情况为"弃仲"）。

在《仲裁法（修订）（征求意见稿）》中，弃仲规定除其条款序号由"第二十六条"变更为"第四十条"外，文字上未有任何修改意见。在本次仲裁法大篇幅修订的背景下，弃仲规定暂无变化，也说明了弃仲规定处于相对稳定的法律适用状态，然而这种状态并不妨碍弃仲类诉讼案件及仲裁司法审查案件的日渐增多。

（二）弃仲类仲裁司法审查案件产生的一般原因

仲裁协议中常有"因本合同或与本合同有关的争议"等类似概括性文字。近年来的商事活动日趋复杂，有越来越多的当事人就一项可能争涉的法律关系，签署了数个合同而形成一整套交易文件。整套交易文件中的每一份协议所含有的争议解决条款约定也不尽相同，常出现其中某份合同中的仲裁协议以概括性文意涵盖了整个交易的争议解决约定。这种情况发生争议时，诉请一方的当事人或出于策略考虑，或单纯希望通过诉讼方式突破仲裁协议的主体相对性达到一揽子解决争议的目的，会在法院立案时不主动去展示含有仲裁协议的合同，从而使诉讼立案获得成功；接下来，如被告（包括相对方）不向法院提出主管异议的，则整套交易的当事人就交易争议解决的意思本应依法视为弃仲。然而现实却常出现一旦诉讼结果无法让某方满意，该不满方会挑拣出含有仲裁协议的合同又到仲裁机构申请立案的情况。从仲裁机构的角度上讲，仲裁机构立案审查时看到的仲裁协议属于表面有效的仲裁协议，立案当时确实很难排查出该份获得受理的合同仅仅是整套交易文件中的局部交易文件。仲裁受理后，其表面有效的仲裁协议一般会由被申请人提出弃仲异议，这种异议在此阶段有可能发展为确认仲裁协议效力的审查（以下称“确仲审查”）；当仲裁机构组成仲裁庭深入案件实体审理时，一旦出现部分仲裁庭、仲裁员不顾或忽略弃仲情况，对弃仲情况的案件作出裁决时，有弃仲异议的当事人则会启动申请撤销仲裁裁决的审查（以下称“撤裁审查”，并称涉弃仲的确仲审查和撤裁审查为“弃仲审查”）。

（三）弃仲审查典型案例的分析

重庆、北京两市人民法院先后于 2021 年 6 月 3 日、2022 年 3 月 24 日向社会公布的商事仲裁司法审查典型案件中，均将弃仲审查列入典型榜。这个情况说明，法院认为有必要向社会公布弃仲审查的审理特点，以供当事人和相关法律职业人员、仲裁机构在业务实践中有所参照。这两个典型案例中，重庆公布的是撤裁审查案例，因仲裁机构忽略弃仲规定受理仲裁案件并作出裁决，法院裁定撤销了该仲裁裁决

（陈某太申请撤销仲裁裁决案，以下称“重庆案例”）[①]；北京公布的是确仲审查案例，该案原告（申请人）到法院申请确认案涉仲裁协议有效，但在仲裁前存在诉讼弃仲情况，法院裁定仲裁协议对双方不再产生约束力，驳回了原告申请（淮安中交盛业房地产开发有限公司申请确认仲裁协议效力案，以下称“北京案例”）[②]。同时期，各地法院涉及弃仲的诉讼案件也呈现了有所增加的态势。因本书之题设所限，本篇只讨论弃仲审查的案例，对涉及弃仲规定的其他诉讼不作讨论。下文将以重庆案例作主线，北京案例及其他案例为补充，浅述和归纳弃仲审查的审查重点。

1. 弃仲审查重点一：诉讼与仲裁是否指向同一争涉法律关系

重庆案例中，法院查明，案中涉及的两项合同所约定的权利义务均为基于合伙关系的权利义务。弃仲审查的被申请人在仲裁之前的诉讼请求，与其仲裁请求实质上相同，都以两项合同项下合伙关系的权

---

① 重庆市公布的典型案例：2021 年 6 月 3 日，重庆市高级人民法院、重庆市司法局、重庆仲裁委员会、中国国际经济贸易仲裁委员会（贸仲）西南分会在重庆举办商事仲裁与司法审查联合新闻发布会，通报重庆商事仲裁和司法审查工作相关工作情况，同时公布了《2016—2020 年重庆法院商事仲裁司法审查十大典型案件》，其中典型案例七“依据失效仲裁协议作出的仲裁裁决应予以撤销”一案，属于撤销仲裁裁决的司法审查，重庆地区法院对该案的评析中提到“仲裁协议虽具有独立性，不受合同变更、解除、终止或者无效的影响，但仲裁协议是当事人通过意思自治达成的，也可以因当事人主动放弃而失去效力”。经笔者查询公开的司法文书后，确认该案例的案件编号为（2018）渝 01 民特 238 号。

② 北京市公布的典型案例：2022 年 3 月 24 日，北京市第四中级人民法院召开新闻通报会，公开发布《国内商事仲裁司法审查年度报告（2019—2021）》及十大典型案例，其中典型案例九“虽然合同中约定有仲裁条款，但当事人可以协商或以实际行为变更争议解决方式”一案，属于确认仲裁协议的司法审查，北京地区法院的评析与重庆地区法院相类似，评析指出“在有效仲裁协议的前提下，各方当事人对于所涉争议，均无异议地参加诉讼程序，可以认定当事人就争议管辖条款发生变更，人民法院对此应予以尊重”。经笔者查询公开的司法文书后，确认该案例的案件编号为（2021）京 04 民特 502 号。

利义务为基础。两项合同中，稍早形成的合同中无仲裁协议，较晚形成的合同中有仲裁协议。法院对仲裁机构受理依据的较晚形成合同中的仲裁协议审查后发现，该仲裁协议属于概括性仲裁协议，涵盖了稍早形成合同中的争议解决，并不是就特定事项的仲裁约定，即案中涉及的两项合同项下权利义务争议，因就稍早形成的合同诉讼且参诉方的诉讼活动也都符合弃仲规定，应视为各方放弃了较晚形成合同中的概括性仲裁协议。据此，法院认为，仲裁机构受理弃仲审查之被申请人的仲裁申请，虽表面上符合受理规定，但实质上忽略了仲裁协议已因先诉而失效且不能自行产生恢复效力的弃仲法律后果。法院通过上述查明情况，裁定撤销了仲裁裁决。

重庆案例反映出，法院对弃仲情况的审查会深入仲裁协议约定范围是否涵盖先诉活动争涉法律关系的深层审查，而不仅仅浮于简单查明含有仲裁协议的合同文件是否经过诉讼的表层审查。法院会对诉讼和仲裁的证据、诉讼和仲裁的庭审笔录、双方争涉的两个合同之间相互衔接条款的约定等深入审查后，对仲裁协议到底是对特定事项的仲裁约定还是概括性涵盖了已诉法律关系进行仔细分析，然后才对仲裁当事人的先诉行为是否构成弃仲作出判断。

北京案例与重庆案例相比较而言，二者同为弃仲审查，但北京案例属于确仲审查而非撤裁审查。二者相同的是，法院均详查了仲裁机构所审理的法律关系是否与仲裁前诉讼为同一法律关系——两案例裁定的法院意见中，都出现了将仲裁前诉讼文书与仲裁案件进行比较的法院查明段落。其中还可以看出，重庆案例因为是撤裁审查，所以法院除了对仲裁与仲裁前诉讼作了前述比较之外，还将诉讼文书与仲裁裁决书两者所指法律关系的同一性进行了比较、分析及归纳。同重庆案例有着类似审查方法的弃仲审查并撤裁审查案例，还可见于（2019）

湘13民特14号案、（2018）苏12民特24号案，具体细节不再赘述。

2. 弃仲审查重点二：弃仲异议是否在仲裁程序中依法提出

在弃仲审查并撤裁审查中，法院对于主张弃仲的一方是否在仲裁程序中提出过弃仲异议这一情况，会重点加以审查。例如，作为弃仲主张的一方（一般为撤裁审查的原告），在之前仲裁程序中没有提出过弃仲异议，则法院对其以弃仲为由撤销仲裁裁决的主张不予支持；弃仲主张的一方，在仲裁程序中，如果不按照仲裁法及其司法解释或所适用仲裁规则规定的期限提出异议就直接答辩，或者还提出过反请求的，法院会认定弃仲主张的一方在撤裁审查中的弃仲主张无效（辽阳市城基嘉业建安工程有限公司申请撤销仲裁裁决案，以下称“辽阳案例”）。

需要指出的是，辽阳案例中，法院不止对于弃仲异议人在仲裁程序中“没有证据证明”曾提出过弃仲异议的情况给予关注；实际上，至此，法院已经具有足够法律依据对弃仲异议人的主张不予支持；但同时，法院还关注到弃仲异议人在仲裁程序中提出了反请求，法院认为“申请人在仲裁机构提出反请求的行为具有同意将双方之间的纠纷提交该仲裁机构解决的意思表示”，法院最终是以上述两点为由对弃仲异议人予以驳回的。本篇于此处，意不在于评判辽阳案例之判法，而是希望基于本书题设，以审查者的视角，针对弃仲异议人在仲裁程序中提出弃仲异议同时又提出反请求的这种应对策略本身所存在的逻辑矛盾之间，给出一个消极示例。

（四）结语

重庆与北京两件弃仲审查的典型案例，至少从两个视角向业界传递了业务实践时需要注意的地方：第一，仲裁机构及仲裁员视角。仲裁协议是当事人接受仲裁管辖的基石。弃仲异议涉及仲裁协议的有效性，仲裁机构和仲裁员应当给予弃仲异议足够认真的态度进行审理，更应当作出足够专业的法律结论。第二，当事人视角。弃仲异议须在仲裁程序中依法提出方可生效；同时，反请求与弃仲异议存在着天然逻辑矛盾，一旦提出反请求则极有可能对己方构成严重的不利影响。

第三章　对仲裁结果的司法审查

一、我国国内仲裁裁决的撤销

（作者：王瑛）

（一）我国国内仲裁裁决撤销制度概述

所谓仲裁裁决的撤销，是指对符合法定应予撤销情形的仲裁裁决，经由当事人提出申请，人民法院组成合议庭审查核实，裁定将已作出的仲裁裁决予以撤销的制度。

我国《仲裁法》第五章设置申请撤销仲裁裁决的程序，对于确保仲裁裁决的合法性和公正性，具有非常重要的意义，主要体现在三个方面：第一，有利于维护当事人的合法权益。《仲裁法》规定当事人有权申请撤销仲裁裁决，一方面是确立了人民法院对仲裁的监督权，另一方面也为当事人提供了一条有效的主动寻求救济的途径。第二，有利于督促仲裁员公正仲裁。设置申请撤销仲裁裁决的程序，有利于督促仲裁机构加强对仲裁员的管理，督促仲裁员珍惜声誉，正确行使权力。第三，有利于完善我国的仲裁监督机制。

申请撤销仲裁裁决具有以下特征。

第一，撤销仲裁裁决是法院的司法行为。仲裁机构无权撤销其已作出的裁决，是否撤销仲裁裁决，只能由法律规定的人民法院作出裁定。行使司法监督权的法院一般是仲裁机构所在地法院。

第二，当事人提出撤销申请是法院启动监督的前提，法院不可以依职权自行启动监督仲裁裁决的程序。撤销仲裁裁决的申请主体既可以是依据仲裁裁决享有权利的权利人，也可以是仲裁裁决所确定的需要承担实体义务的义务人，任何第三人无权提出撤销仲裁裁决的申请，人民法院也不得依职权撤销仲裁裁决。但是，人民法院在认定仲裁裁决违反公共利益的情形时，可以依职权撤销仲裁裁决。当事人向人民法院提出撤销仲裁裁决的申请，是法院行使仲裁监督权、裁定是否撤销仲裁裁决的前提条件。提出撤销仲裁裁决的当事人，是指仲裁案件的申请人或被申请人，案外第三人不具备申请撤销仲裁裁决的主体资格。

第三，撤销仲裁裁决必须履行严格的法定程序，以尽可能支持仲裁解决纠纷。当事人申请撤销仲裁裁决必须具有法定的撤销情形，因此，法院必须对当事人提出的撤销仲裁裁决的申请进行审查核实。

《仲裁法（修订）（征求意见稿）》借鉴国际经验，对仲裁裁决作出后的司法监督及当事人救济机制作出较大调整：一方面，拟完善撤销仲裁裁决制度，统一国内和涉外仲裁裁决撤销事由、缩短当事人申请撤销仲裁裁决期限、赋予当事人对仲裁裁决撤销裁定的复议权，并对重新仲裁制度作出优化；另一方面，为解决撤销程序和不予执行程序对仲裁裁决的重复审查问题，拟取消当事人申请不予执行仲裁裁决的权利，同时保留执行法院对裁决是否符合社会公共利益的主动审查权，将执行程序中的不予执行审查制度修改为执行前的审查确认制度，以法院确认裁定作为仲裁裁决获得强制执行力的前提要件。

（二）我国仲裁裁决撤销制度的沿革

我国在 1986 年正式加入《纽约公约》后，借鉴国际先进经验，逐步在法律中规定相应的仲裁司法救济制度。首先于 1991 年，在《民事诉讼法》中引入对仲裁裁决的不予执行制度，并于 1995 年 9 月 1 日正式施行的《仲裁法》中首次规定仲裁裁决撤销的司法审查制度。早在1995年的《仲裁法》生效前，我国法院的仲裁裁决司法审查是通过对仲裁协议效力认定和不予执行仲裁裁决两种方式进行。[①] 通过《仲裁法》的生效，我国才逐渐将审查范围及方式扩大到撤销仲裁裁决。1998年，最高人民法院发布了《最高人民法院关于人民法院撤销涉外仲裁裁决有关事项的通知》，并相继发布了《最高人民法院关于承认和执行外国仲裁裁决收费及审查期限问题的规定》（现已被废止），通过该通知建立了涉外仲裁裁决和仲裁协议司法审查的内部报告制度，但当时其适用仅限于在国际仲裁司法审查领域中。《仲裁法解释》对人民法院审理涉及仲裁案件适用法律的若干问题进行了解释，丰富了我国仲裁裁决撤销司法审查制度的内容。

为更进一步统一司法审查裁判标准，促进仲裁健康发展，2017年，最高人民法院发布了《最高人民法院关于仲裁司法审查案件报核问题的有关规定》，将该内部报告制度通过司法解释的方式予以明确，并将上报制度扩展至国内仲裁案件。该规定在2021年又经过了修正。《最高人民法院关于审理仲裁司法审查案件若干问题的规定》也为法院正确审理仲裁司法审查案件提供了司法统一的依据。

（三）撤销仲裁裁决的事由

《国际商事仲裁示范法》第34条第2款列举了仲裁裁决可以被法院撤销的六种情形：①当事一方缺乏具体行为能力，或仲裁协议无效；②提出申请的一方当事人没有得到有关指定仲裁员或仲裁程序的通知，或未能获得机会陈述案情；③裁决超过仲裁协议确定的范围；④仲裁庭组成或者仲裁程序与仲裁协议不同；⑤争议标的不具有可仲裁性；⑥裁

① 严红：《论我国撤销仲裁裁决制度的设立和实施》，载《山东社会科学》2003年第4期，第84页。

决违反公共政策。该示范法还规定，在撤销裁决程序中，法院只应监督程序事项，除非存在公共政策事由，不应就实体事项进行司法监督。

对于无国际性因素或涉外因素的国内仲裁，我国《仲裁法》第58条第1款规定了当事人申请撤销仲裁裁决的法定事由：“当事人提出证据证明裁决有下列情形之一的，可以向仲裁委员会所在地的中级人民法院申请撤销裁决：（一）没有仲裁协议的；（二）裁决的事项不属于仲裁协议的范围或者仲裁委员会无权仲裁的；（三）仲裁庭的组成或者仲裁的程序违反法定程序的；（四）裁决所根据的证据是伪造的；（五）对方当事人隐瞒了足以影响公正裁决的证据的；（六）仲裁员在仲裁该案时有索贿受贿，徇私舞弊，枉法裁决行为的。”该条第3款规定，人民法院认定该裁决违背社会公共利益的，应当裁定撤销。在我国仲裁实务中，法院依当事人的申请应当撤销仲裁裁决的情形主要有三个方面，没有仲裁协议或者仲裁协议无效、违反仲裁的法定程序及仲裁裁决违背社会公共利益。2022年1月24日，最高人民法院公布《全国法院涉外商事海事审判工作座谈会会议纪要》（以下简称《涉外商事海事会议纪要》），其中“仲裁司法审查部分”总结近年来仲裁司法审查领域的成熟经验和研究成果，对若干热点实践问题提出指导意见，进一步统一了相关事项的审查标准和审查程序。《涉外商事海事会议纪要》第98条第1款明确规定了申请执行仲裁裁决案件的审查依据，人民法院对申请执行我国内地仲裁机构作出的非涉外仲裁裁决案件的审查，适用《民事诉讼法》第244条（现行第248条）的规定。

《仲裁法（修订）（征求意见稿）》对撤销仲裁裁决的法定事由进行了修订，主要体现在两个方面：一方面，统一国内和涉外仲裁裁决撤销事由。现行规定对国内、涉外仲裁裁决撤销事由实行双轨制。根据《仲裁法》第58条，当事人申请撤销国内仲裁裁决的事由，包括实体与程序方面的问题。根据《民事诉讼法》第291条第1款，当事人申请撤销涉外仲裁裁决的事由则限于程序方面的问题，比如没有仲裁协议、超裁及违反法定程序等程序事项。但是，《仲裁法（修订）（征求意见稿）》确定的国内、涉外仲裁裁决撤销事由，需要考虑并轨后的撤销事由是否保留以及保留哪些实体审查标准？另一方面，细化了撤销仲裁裁决法定事由，包括：①吸收《仲裁法解释》第 18 条规定，将“没有仲裁协议”修改为“没有仲裁协议或者仲裁协议无效”，涵盖仲裁协议无效这类实践中的常见争议类型。②将“仲裁机构无权仲裁”修改为“超出本法规定的仲裁范围”，明确授予仲裁裁决权的对象是仲裁庭而非仲裁机构。③将“违反法定程序”事由细化为“被申请人未能得到相关通知或因其他不属于自己的原因未能陈述意见”和“仲裁庭组成 / 仲裁程序违反法定程序或者当事人约定”两项，并规定“仲裁庭组成 / 仲裁程序违反法定程序或者当事人约定”须达到“严重损害当事人权利”的程度，既强调因果关系的必然性及对当事人损害的严重性，也使得认定标准更为严格。④将现行《仲裁法》第 58 条规定的伪造证据、隐瞒证据合并调整为“裁决因恶意串通、伪造证据等欺诈行为取得”。

综上，在仲裁司法实践中，当事人申请撤销仲裁裁决，具有以下法定事由：

1. 没有仲裁协议

有效的仲裁协议是仲裁程序得以启动和进行的前提和基础，仲裁协议是仲裁管辖权的基础，是整个仲裁制度的灵魂和基石。因而，仲裁协议的基础性作用当然及于仲裁裁决的效力，没有仲裁协议的当事人申请仲裁，仲裁委员会应当不予受理。根据我国《仲裁法解释》第 18 条规定，仲裁协议被认定无效或者被撤销的，视为没有仲裁协议。同时，根据《仲裁法解释》第 27 条规定，当事人以仲裁协议无效为理由主张撤销仲裁裁决的，必须在此前的仲裁程序中已依法对仲裁协议的效力提出了异议且未获支持。在仲裁司法实践中，法院适用该事由撤裁的理由多为申请人未签订有效的仲裁协议，亦无证据证明当事人之间有实际履行仲裁协议的行为。比如，仲裁协议约定不明确，无法确定仲裁机构；提起仲裁时，也未重新达成仲裁协议，并且被申请人提出管辖权异议。北京四中院审理的（2018）京 04 民特 158 号案中，法院认定，“……《合伙协议》中刘某的签字并非其本人所签订，因此刘某和丁某红之间并未达成仲裁协议”，故裁定撤销仲裁裁决。浙江台州中院审理的（2020）浙 10 民特 47 号案作出了类似认定。

2. 仲裁的事项不属于仲裁协议的范围或者仲裁委员会无权仲裁

当事人申请仲裁的事项，必须是争议双方在仲裁协议中明确约定的事项，且符合法律规定，仲裁机构才就该事项进行审理并作出仲裁裁决。《最高人民法院关于人民法院办理仲裁裁决执行案件若干问题的规定》《涉外商事海事会议纪要》明确“超裁”具体包括裁决事项超出仲裁协议范围、裁决内容超出仲裁请求范围。“无权仲裁”具体包括裁决事项不可仲裁、裁决机构非仲裁协议所约定。

第一，仲裁的事项不具有可仲裁性，即仲裁机构无权仲裁。因争议事项的可仲裁性是各国立法对仲裁的审查范围实施的一种公共秩序限制，属于强制性法律规则，对仲裁当事人和仲裁庭均产生法律约束力。我国《仲裁法》第 2 条、第 3 条采取列举的方式作出了明确规定。第二，争议双方并未对提交的仲裁事项达成一致协议，即不存在有效仲裁协议而被仲裁，仲裁机构对本不应予以受理的案件进行裁决。第三，仲裁机构对超过当事人双方提交的仲裁事项进行仲裁，即仲裁庭越权仲裁，其中包括仲裁裁决事项本身超出仲裁协议的范围，也包括裁决了不受仲裁协议约束的案外人的实体权益[①]。

《最高人民法院关于王某林申请撤销中国国际经济贸易仲裁委员会华南分会（2012）中国贸仲深裁字第3号仲裁裁决一案的请示的复函》（（2013）民四他字第8号）中指出："……关于仲裁裁决是否存在超裁问题。本案中，吴某琛系以案涉合同有效并要求王某林支付股权转让余款为请求提起仲裁，仲裁庭有权主动对案涉合同的效力进行审查并作出认定。但是，仲裁庭在未向当事人释明合同无效的后果以及未给予当事人变更仲裁请求机会的情况下，直接对合同无效后的返还以及赔偿责任作出裁决，确实超出了当事人的请求，属于超裁。"

《最高人民法院关于辉影媒体销售有限公司申请撤销[2003]大仲字第083号仲裁裁决一案的请示的复函》（民四他字〔2004〕24号）中指出："……仲裁庭裁决的范围只能限定于当事人之间合资性质的纠纷。现仲裁庭对不属于合资纠纷性质的当事人于2000年5月30日签订的关于支付顾问费的协议（以下简称530协议）进行了审理并作出裁决，而双方当事人签订的该份协议中没有仲裁条款，当事人事后也没有达成仲裁协议，仲裁庭无权对530协议进行审理并裁决。仲裁庭依据当事人之间关于解决合资纠纷的仲裁条款对530协议进行审理并作出裁决，就该仲裁事项而言，已经超出了仲裁协议的范围。"可见，即使实践中个案情况不一，仲裁庭在审理时若未把握裁量尺度，一旦被法院认定构成超裁，也将直接面临着被否认的结果。

3. 仲裁活动违反法定程序

（1）《仲裁法解释》第20条规定："仲裁法第五十八条规定的'违反法定程序'，是指违反仲裁法规定的仲裁程序和当事人选择的仲裁规则可能影响案件正确裁决的情形。"是否符合法定程序，需要从两个方

---

① 朱宣烨：《最高院关于仲裁裁决是否超裁的观点梳理》，载微信公众号"高杉LEGAL"2015年04月22日，https://mp.weixin.qq.com/s/evC__sFHMwbEKsbVgBN1sw。

面进行考量。

第一，仲裁庭的组成符合法定程序，即符合当事人的约定，或者无此约定时应符合《仲裁法》的规定。

第二，仲裁程序的进行应当符合法律规定，即当事人均应受到公正、平等对待，进行仲裁的通知均应适当地向当事人送达，当事人都有权获得充分的陈述案件的机会。仲裁程序不符合法律规定主要表现在：仲裁员有应当回避的法定情形而没有回避的；没有将仲裁庭的组成情况、仲裁开庭时间、地点等事项书面通知当事人；没有当事人不开庭审理的协议而进行书面审理的；当事人在开庭时未能陈述、辩论等情况。

在仲裁司法实践中，法院适用该撤裁的主要理由体现为仲裁机构在推进仲裁程序时存在瑕疵，如送达程序违法；或仲裁庭在仲裁活动中存在程序瑕疵，如仲裁员未做充分披露或回避、证据未经质证、代理人无权或越权参加仲裁活动、未予处理鉴定要求或管辖权异议等。

（2）需要特别关注的是，关于送达程序的合法性在近年的仲裁司法审查中备受关注。如由上海金融法院审理的（2020）沪 74 民特 43 号案件中，对于仲裁申请人未向仲裁庭提供有效送达地址，导致仲裁被申请人不能到庭参加仲裁裁决，从而认定该案因疏于履行送达查询义务，未能向仲裁庭提供有效送达地址，导致当事人不能到庭参加仲裁，仲裁程序违法，进而裁定撤销仲裁裁决。又如广州市中级人民法院审理的（2018）粤 01 民特 1056 号案件，广州仲裁委员会并未向仲裁当事人依法送达《网络仲裁规则》导致仲裁程序违法，该案仲裁裁决被撤销。

对于如何完善送达程序的合法性，我国各大仲裁机构也展开了多次内部研讨。为避免实践中可能会存在的送达困境，不少仲裁机构在制定仲裁规则时都对多种送达情形作了较为细致的规定，例如《中国国际经济贸易仲裁委员会仲裁规则（2024版）》第8条第4款规定了视为送达程序："向一方当事人或其仲裁代理人发送的仲裁文件，如经当面递交收件人或发送至收件人的营业地、注册地、住所地、惯常居住地或通讯地址，或经对方当事人合理查询不能找到上述任一地点，仲裁委员会仲裁院以挂号信或特快专递或能提供投递记录的包括公证送达、委托送达和留置送达在内的其他任何手段投递给收件人最后一个为人所知的营业地、注册地、住所地、惯常居住地或通讯地址，即视为有效送达。"

但是就该"推定送达"规则的适用，法院认为应该受到限制。比如在北京市第四中级人民法院作出的海企纺织（坦桑尼亚）有限公司与被申请人江苏汇鸿国际集团同泰贸易有限公司等申请撤销仲裁裁决民事裁定书（案号（2017）京04民特30号）中，法院认为，对于仲裁规则中上述规定之理解，应以相关仲裁文件能够有效到达当事人为基本前提，只有在实际送达存在困难时，才能以其他方式推定送达作为补充。……只有在"经对方当事人合理查询不能找到上述任一地点（收件人的营业地、注册地、住所地、惯常居住地或通讯地址）"，中国国际经济贸易仲裁委员会才可以采用推定送达方式向当事人进行送达。该案中法院认定涉案仲裁期间贸仲就送达工作出现程序错误，导致海企纺织在仲裁过程中由于不属于其负责的原因未能陈述意见，因此撤销了涉案仲裁裁决。

4. 裁决所根据的证据是伪造的

仲裁庭审理中双方提交的证据，是仲裁庭查明案件事实、分清是非、确定双方当事人之间的权利义务关系以及划分民事责任界限的根据。各案中当事人举证的证明力及关联性对于裁决的认定具有极为重要的作用，故若证据为伪造，且仲裁庭以此作为依据，将直接影响仲裁裁决的效力。

参照人民法院基于“仲裁裁决所根据的证据是伪造的”认定，以该事由申请撤销仲裁裁决应符合如下条件：第一，该证据已被仲裁庭采信，作为仲裁裁决的依据；第二，该证据属于认定案件基本事实的主要证据；第三，该证据经查明确属通过捏造、变造、提供虚假证明等非法方式形成或者获取，违反证据的客观性、关联性、合法性的要求。可见，如果仲裁庭没有发现当事人提交的证据是伪造的，并以此为依据认定事实并作出仲裁裁决，该仲裁裁决必然有失公允，当事人有权以裁决所根据的证据是伪造的为由申请人民法院撤销仲裁裁决。

重庆市第一中级人民法院审理的（2017）渝 01 民特 609 号案件中，法院认定因“被申请人在庭审中未举示证据证明该购销合同真实存在，也未对其低价转卖他人给出合理解释”，虽未直接说明被申请人在仲裁程序中提交的证据为伪造，但通过从被申请人的举证责任角度认定该案主要证据真伪性存疑，进而认定该案仲裁裁决应予撤销。此种审查原则与其他法院的裁判规则存在一致性，如在（2016）苏 10 民特 30 号案中，江苏省扬州市中级人民法院也曾指出，在司法审查过程中，以伪造证据为由申请撤销仲裁裁决的当事人对既存的伪造证据事实负有举证责任。

5. 对方当事人隐瞒了足以影响公正裁决的证据

所谓“足以影响公正裁决的证据”，是指对确定争议案件的事实起着决定性作用的证据，是直接关系到仲裁裁决最终结果的证据。证据作为证明案件真实性的客观事实，是仲裁庭查明案件真实情况、确定双方当事人的责任界限并作出裁决的根据。由于缺少直接关系到仲裁裁决结果的证据，必定会对公正裁决造成严重影响。

参照人民法院基于“对方当事人隐瞒了足以影响公正裁决的证据”的认定，以该事由申请撤销仲裁裁决，应符合如下条件：第一，该证据属于认定案件基本事实的主要证据；第二，该证据仅为对方当事人掌握，但未向仲裁庭提交；第三，仲裁过程中知悉存在该证据，且要求对方当事人出示或者请求仲裁庭责令其提交，但对方当事人无正当理由未予出示或者提交。可见，由于仲裁裁决与仲裁当事人的实体权利义务有直接的利害关系，由于缺乏与仲裁争议事项有直接关系的证据，仲裁庭所认定的案件事实很可能不真实，从而影响裁决的公正性与准确性，损害一方当事人的正当利益。如吉林省长春市中级人民法院审理的（2020）吉 01 民特 12 号案件，法院认定仲裁中当事人隐瞒了多项对仲裁庭事实认定及法律适用产生重要影响的文件，影响了仲裁庭对双方当事人的权责认定。作为负有举证义务的当事人未提交相应文件，导致仲裁庭作出的仲裁裁决有违公正，进而裁定撤销该案仲裁裁决。

6. 仲裁员在仲裁活动中有索贿受贿、徇私舞弊、枉法裁决的行为

仲裁员作为争议案件的裁判者，仲裁员的公正、独立性直接关系到仲裁裁决的公正，仲裁员的严重违法行为，危害了仲裁的权威性，有损仲裁的中立性和公正性。所谓索贿受贿，是指仲裁员在仲裁案件过程中，非法索要或者非法接受当事人财物或者其他不正当利益的行为；所谓徇私舞弊，是指仲裁员为了牟取私利或为了报答一方当事人已经或承诺给予自己的某种利益，在仲裁案件时弄虚作假的行为；所谓枉法裁决，是指仲裁员在仲裁案件时玩忽职守，无原则迁就一方当事人，颠倒是非，曲解法律甚至故意错误地适用法律的行为。①

根据《最高人民法院关于审理仲裁司法审查案件若干问题的规定》第 18 条的规定，仲裁员在仲裁活动中有索贿受贿、徇私舞弊、枉法裁决的行为，是指已经由生效刑事法律文书或者纪律处分决定所确认的行为。当事人必须举出判定仲裁员具有上述行为的生效刑事法律文

① 参见黄进、宋连斌、徐前权等编著:《仲裁法学》（第 3 版），中国政法大学出版社 2007 年版，第 159 页。

书或者纪律处分决定书等文件作为证据，法院方可据此事由撤销仲裁裁决。

实践中，以该法定事由申请撤销仲裁裁决的案例并不少见，“徇私舞弊”通常皆与“枉法裁决”一并提及，关于“枉法裁决”的理由中，经常仅基于其对裁决结果不满而提出“证据采信不当”“查明事实有误”“适用法律错误”等主张，未就仲裁员枉法裁决的具体行为及表现进行充分举证，或未能提出符合上述司法解释规定要求的证据。也正基于此，法院在审查中对该等撤裁理由全数驳回是比较常见的。如（2022）粤 01 民特 73 号、（2022）粤 01 民特 13 号、（2022）苏 08 民特 9 号案件中，均因申请人未能对仲裁员的索贿受贿、徇私舞弊、枉法裁决的行为完成举证责任，而被法院驳回撤销仲裁裁决申请。

7. 法院依职权自行认定的撤销仲裁裁决的情形

根据我国《仲裁法》第 58 条第 3 款规定，仲裁裁决违背社会公共利益的，人民法院应当裁定撤销该仲裁裁决。可见，是否有违社会公共利益，是法院可依职权自行认定的撤裁事由。

所谓社会公共利益，是指社会全体成员的重大利益、基本政策、道德的基本观念或法律的基本原则。而违背社会公共利益，是指违背我国法律的基本制度与准则，违背社会和经济生活的基本原则等。社会公共利益和个人利益、局部利益既有统一协调的一面，又有矛盾冲突的一面。将保护社会公共利益纳入仲裁司法审查的涵盖范围，是现代各国的通例，也是我国仲裁的重要准则之一。

《最高人民法院关于对海口中院不予承认和执行瑞典斯德哥尔摩商会仲裁院仲裁裁决请示的复函》中曾明确，违反我国法律、行政法规和部门规章的强制性规定并不当然构成对我国公共政策的违反。但实践中如海口市中级人民法院审理的（2015）海中法仲字第 10 号案件中，因涉案市政道路工程涉及的工程款项支付，仲裁裁决未考虑到政府审计支付流程，越过法定的审计程序裁决当事人支付侵犯了社会公共利益，即以违背相关行政法规规定为由对该案裁决予以撤销。由此可见，“社会公共利益”的涵义较广，在不同经济发展阶段下具有一定的不确定性，以该项事由申请撤裁一定程度上依赖于法院的自由裁量权。

总之，由于撤销仲裁裁决是仲裁监督中的重要内容和形式，直接导致仲裁裁决被撤销而归于无效。因此，必须严格把握撤销仲裁裁决事由的范围。最高人民法院对此在《仲裁法解释》中作出了明确规定。

第一，根据《仲裁法解释》第 17 条的规定，当事人以不属于《仲裁法》第 58 条规定的事由申请撤销仲裁裁决的，人民法院不予支持。1997 年 4 月，最高人民法院也曾发布《最高人民法院关于不得以裁决书送达超过期限而裁定撤销仲裁裁决的通知》，认为法院以仲裁裁决送达超过规定期限，不符合仲裁程序，违反国务院有关规定为由，裁定撤销仲裁裁决，既于法律无据，也不利于保护当事人合法权益，应当及时依法予以纠正。

第二，《仲裁法解释》第 27 条第 1 款规定，当事人在仲裁程序中未对仲裁协议的效力提出异议，在仲裁裁决作出后以仲裁协议无效为由主张撤销仲裁裁决的，人民法院不予支持。该条规定确立了仲裁程序中的先行抗辩原则，即在仲裁程序中对仲裁协议的效力提出异议，是在仲裁协议作出后以仲裁协议无效为由主张撤销仲裁裁决的前提条件。该规定既完善了仲裁程序，又保证了仲裁程序的正当性、公正性和高效性。①

（四）撤销仲裁裁决的审查程序及原则

仲裁质量是仲裁的生命，是仲裁公信力最可靠、最坚实的来源和

① 参见乔欣:《仲裁法学》(第 3 版)，清华大学出版社 2020 年版，第 160 页。

保障。[1]加强对仲裁工作的监督，是保证仲裁质量的重要内容。仲裁司法监督是指对于符合法定情形的仲裁裁决，经当事人的申请，有管辖权的人民法院审查核实后裁定撤销仲裁裁决或不予执行仲裁裁决的制度。仲裁司法监督的功能在于如何妥当地处理仲裁裁决的终局性和仲裁裁决的公正性之间的关系以及如何妥当地处理仲裁自主权与司法审查权之间的关系。法院行使司法监督的审理程序如下。

1. 申请撤销仲裁裁决案件程序的启动

我国《仲裁法》第58条规定，撤销仲裁裁决程序的启动以当事人申请、法院被动审查为主，人民法院在认定仲裁裁决违背社会公共利益时，才可以依职权主动裁定撤销仲裁裁决。申请撤销仲裁裁决的主体是当事人，其包括仲裁中的申请人和被申请人。当事人需向具有管辖权的法院提出撤销仲裁裁决申请，我国法律对于撤销仲裁裁决的管辖法院规定为作出该仲裁裁决仲裁机构所在地的中级人民法院。

2. 法院审查受理申请撤销仲裁裁决的案件

2018年1月1日施行的《最高人民法院关于审理仲裁司法审查案件若干问题的规定》（以下简称《仲裁司法审查规定》）第1条规定："本规定所称仲裁司法审查案件，包括下列案件：（一）申请确认仲裁协议效力案件；（二）申请执行我国内地仲裁机构的仲裁裁决案件；（三）申请撤销我国内地仲裁机构的仲裁裁决案件；（四）申请认可和执行香港特别行政区、澳门特别行政区、台湾地区仲裁裁决案件；（五）申请承认和执行外国仲裁裁决案件；（六）其他仲裁司法审查案件。"

我国《仲裁法》第58条第1款规定，当事人可以向仲裁委员会所在地的中级人民法院申请撤销仲裁裁决。第59条规定，当事人申请撤销裁决的，应当自收到裁决书之日起6个月内提出。故而，人民法院在接到当事人撤销仲裁裁决的申请后，应当依法对申请主体、申请期

① 参见函志锋：《仲裁质量是仲裁的生命》，载《上海仲裁》2004年第2期。

间、本院是否有管辖权、是否符合撤销裁决理由进行审查。人民法院经审查认为符合法律规定条件的，即依法予以受理。一方面，为督促当事人及时行使权利；另一方面，防止仲裁裁决长期处于不确定的状态，从而导致民商事交往关系和社会经济秩序的不稳定。[①]

3. 法院审理的程序

人民法院审理申请撤销仲裁裁决之诉，适用的是特别程序，一审终审。撤销仲裁裁决的裁定一旦作出，该仲裁裁决即失去其法律效力。依据《仲裁司法审查规定》第 11 条规定，人民法院审查仲裁司法审查案件，应当组成合议庭并询问当事人。合议庭对案件的审查主要集中在仲裁裁决是否具有应予撤销的法定情形，对此，当事人有提供证据加以证明的责任。我国《仲裁法》第 60 条规定，人民法院应当在受理撤销仲裁裁决申请之日起 2 个月内作出撤销裁决或者驳回申请的裁定。

《仲裁法（修订）（征求意见稿）》对于法院审理撤销仲裁裁决案件的审理程序规定作出了修改，主要包括五个方面：第一，明确撤裁案件的管辖法院为仲裁地中级人民法院。第二，缩短当事人申请撤销仲裁裁决的法定期限。参照《示范法》及域外各国规定的申请撤销期限，将申请撤销仲裁裁决的期限缩短为自收到裁决书之日起 3 个月。第三，明确撤销情形仅涉及部分裁决事项的，除裁决事项不可分的，法院可以部分撤销。第四，优化重新仲裁制度，增加了重新仲裁适用的范围，明确了重新仲裁的仲裁庭组成。第五，增设撤销仲裁裁决复议制度，赋予当事人在裁决撤销后的救济权。

4. 法院审查撤销仲裁裁决案件的原则

法院在审查撤销仲裁裁决案件时，应遵守司法有限监督原则、形式审查原则、案件报核原则。尽管该三项原则并未明确规定在我国

---

① 李广辉：《仲裁裁决撤销制度之比较研究——兼谈我国仲裁裁决撤销制度之完善》，载《河南大学学报（社会科学版）》2012 年第 4 期，第 57 页。

《仲裁法》及相关司法解释中，但《最高人民法院关于建立健全诉讼与非诉讼相衔接的矛盾纠纷解决机制的若干意见》第4条及北京、河南等地高级人民法院颁布的仲裁司法审查案件审理要点等规范文件中，均体现出此原则，对此分述如下：

（1）司法有限监督原则

法院在审理撤裁案件时，基于对仲裁独立性的尊重，需将法院对仲裁的监督限制在一定范围内，避免审判权对仲裁的过度干预。这具体体现在两个方面：一方面，仲裁司法审查的范围除涉及伪造证据、隐瞒证据情形外，原则上仅就程序性事项作出审查，而关于案件事实认定、法律适用等实体事项属于仲裁庭的仲裁权限，法院无权进行审查。另一方面，人民法院对申请撤裁案件作出裁定后，当事人又申请再审的，或者当事人申请撤销仲裁调解书的，均不予支持。在2013年期间，当事人曾因不服法院驳回申请撤销仲裁裁决的裁定，申请再审。对于此类案件，法院是否能依职权启动再审程序，我国相关司法解释及最高人民法院的批复给出了明确规定，如《最高人民法院关于人民检察院对撤销仲裁裁决的民事裁定提起抗诉，人民法院应如何处理问题的批复》（法释〔2000〕17号）中规定，“检察机关对发生法律效力的撤销仲裁裁决的民事裁定提起抗诉，没有法律依据，人民法院不予受理”；《最高人民法院关于当事人对驳回其申请撤销仲裁裁决的裁定不服而申请再审，人民法院不予受理问题的批复》（法释〔2004〕9号）中规定，“当事人对人民法院驳回其申请撤销仲裁裁决的裁定不服而申请再审的，人民法院不予受理”。由此可见，我国法院基于一裁终局快捷解决纠纷的考虑，坚持司法有限监督原则，不允许法院依职权启动对驳回申请撤销仲裁裁决的裁定的再审程序。

（2）形式审查原则

法院在审理中严格依照《仲裁法》与《民事诉讼法》规定的法定

事由进行形式审查。如当事人不依照上述法定事由提出申请，经人民法院释明后，仍坚持其主张的，则不予支持。该项原则也在世界各国及国际公约中予以明确，法院在承认仲裁司法审查必要性的前提下，并不能随意扩大其干预权力及范围。①

（3）案件报核原则

对于人民法院拟裁定撤销仲裁裁决案件，必须报经本辖区高级人民法院审查，并最后报请最高人民法院答复后方可作出裁定。根据上述我国仲裁裁决撤销发展沿革，该项原则经历了从无到有、不断发展完善的过程。②目前施行的《最高人民法院关于仲裁司法审查案件报核问题的有关规定》（2021年修正），进一步完善了仲裁司法审查制度的报核规则，增加了第4条，即“依据本规定第二条第二款由高级人民法院审核的案件，高级人民法院应当在作出审核意见之日起十五日内向最高人民法院报备”，从而维护了国内仲裁的终局性和权威性。

（五）当事人申请撤销仲裁裁决的法律后果

《最高人民法院关于审理仲裁司法审查案件若干问题的规定》第20条规定，人民法院在仲裁司法审查案件中作出的裁定，除不予受理、驳回申请、管辖权异议的裁定外，一经送达即发生法律效力。当事人申请复议、提出上诉或者申请再审的，人民法院不予受理，但法律和司法解释另有规定的除外。因此，经合议庭审查，人民法院可能作出三种处理。

第一，裁定驳回撤销仲裁裁决的申请。由于该审查为特别程序，一审终审，当事人不得就该裁定上诉。

---

① 于喜富:《国际商事仲裁的司法监督与协助——兼论中国的立法与司法实践》，知识产权出版社2006年版，第463页。

② 广州仲裁委员会:《仲裁司法审查的报核制度浅析（上）——报核制度的前世今生》2018年1月23日。

第二，裁定撤销仲裁裁决。仲裁裁决被人民法院依法撤销后，法律效力溯及既往地消灭，当事人之间的纠纷并未解决，可以重新寻求解决纠纷的方法。

第三，通知仲裁庭重新仲裁。我国《仲裁法》第 61 条规定："人民法院受理撤销裁决的申请后，认为可以由仲裁庭重新仲裁的，通知仲裁庭在一定期限内重新仲裁，并裁定中止撤销程序。仲裁庭拒绝重新仲裁的，人民法院应当裁定恢复撤销程序。"也指人民法院受理当事人的申请后，在未作出撤销仲裁裁决的裁定之前，如果认为当事人双方的争议可以由仲裁庭重新仲裁的，通知仲裁庭在一定期限内重新仲裁，从而使撤销仲裁裁决程序暂时停止。当事人基于一定理由提出撤销仲裁裁决申请时，人民法院可以通知仲裁庭重新仲裁，该理由主要包括仲裁的程序违反法定程序、裁决所依据的证据是伪造的、对方当事人隐瞒了足以影响公正仲裁的证据等情形。仲裁庭是否重新仲裁，由仲裁庭自行决定，如果仲裁庭重新进行仲裁，则撤销仲裁裁决程序中止；如果仲裁庭拒绝重新仲裁，则人民法院应当裁定恢复仲裁裁决的撤销程序。

（六）重新仲裁

重新仲裁是在当事人对仲裁裁决提出异议，经审查认定该仲裁裁决存在瑕疵，且该瑕疵可以通过仲裁庭重新裁决进行弥补修正时，发回仲裁庭进行重新仲裁的制度。重新仲裁作为仲裁体系的重要制度，是仲裁裁决的救济途径，主要针对原仲裁案件的仲裁程序的继续，是仲裁裁决撤销程序中法院在尊重裁决终局性基础上的司法支持和司法监督，并非法院裁定撤销仲裁裁决的前置程序。《仲裁法》设立重新仲裁制度的目的，是给仲裁庭提供纠正自身失误和裁决瑕疵的机会，减少裁决被撤销的可能，保证当事人原定以仲裁方式解决争议的意愿的实现。因此，重新仲裁制度既体现了当今司法机关在监督仲裁中给予仲裁机构和仲裁庭愈来愈多司法支持的普遍趋势，同时也反映了在解决社会纠纷上追求效率、合理分配以及防止社会资源浪费的理念。

1. 重新仲裁的适用条件

重新仲裁程序的适用，需要具备以下条件：

（1）重新仲裁必须在撤销仲裁裁决的诉讼程序中启动，执行仲裁裁决程序不能发回重新仲裁。

（2）启动重新仲裁程序的理由，必须符合撤销仲裁裁决的法定事由之一。从各国的立法和司法实践来看，重新仲裁都是附属于当事人申请撤销仲裁裁决的司法监督程序，并且重新仲裁的理由不能超出当事人申请撤销仲裁裁决的法定事由的范围。

（3）仲裁裁决的错误是仲裁庭可以通过重新仲裁加以纠正的错误。

2. 重新仲裁的适用范围

我国目前关于重新仲裁的规定存在双轨制。根据现行《仲裁法》第 61 条以及《仲裁法解释》第 21 条、第 22 条、第 23 条的规定，国内案件的重新仲裁情形采用实体标准，适用范围限于伪造证据、隐瞒证据；根据最高人民法院发布的《第二次全国涉外商事海事审判工作会议纪要》（法发 [2005] 26 号）第 79 条，涉外案件的重新仲裁情形采程序标准，存在现行《民事诉讼法》第 291 条规定的撤销情形的，法院均可视情况通知仲裁庭重新仲裁。

我国涉外仲裁重新仲裁第一起案件，是 1996 年 10 月 4 日，北京市第二中级人民法院通知中国国际经济贸易仲裁委员会对 Minmentals Germany Gmbh v. Ferco Steel Ltd. 案重新仲裁。被申请人 Ferco Steel Ltd. 向法院申请撤销裁决，法院经审理裁定中止撤销程序，其理由认为裁决存有《民事诉讼法》第 260 条第 1 款第 2 项（现行第 291 条第 1 款第 2 项）所规定的情形，即不属于撤销申请人负责的原因致其不能陈述意见，并通知贸仲重新仲裁。仲裁庭对法院的裁定表示同意，并依照法院的决定对争议重新仲裁，于 1997 年 3 月 20 日作出了重新仲裁的裁决。

对于现行《仲裁法》第 58 条规定的 7 项可以撤销国内仲裁裁决的事由，并不能全部适用于重新仲裁。比如，“没有仲裁协议”“裁决的事项不属于仲裁协议的范围或者仲裁委员会无权仲裁”均由于欠缺仲裁管辖的基础，不能重新仲裁。对于“仲裁庭的组成或者仲裁的程序违反法定程序”，仲裁庭的组成违反法定程序必然不能重新仲裁，但对于仲裁的程序违反法定程序是否能够重新仲裁，存在争议，《仲裁法（修订）（征求意见稿）》提出违反法定程序也不能重新仲裁。最后，“仲裁员在仲裁该案时有索贿受贿，徇私舞弊，枉法裁决行为”的，因该裁决违背了仲裁员公平、平等对待当事人的中立之立场，该仲裁裁决应当予以撤销，也不能重新仲裁。

依据《仲裁法解释》第 21 条第 1 款规定，法院通知仲裁庭在法定期间重新仲裁的事由主要包括：一是仲裁裁决所根据的证据是伪造的；二是对方当事人隐瞒了足以影响公正裁决的证据的。伪造证据和隐瞒证据，都属于不正当地影响案件事实认定和裁决结果的行为，仲裁裁决所认定的事实因证据的问题而不够准确，仲裁裁决存在实体上的判断失误，且该行为与仲裁庭和仲裁程序无关，故发回仲裁庭重新仲裁，有必要对此错误进行纠正。

《仲裁法（修订）（征求意见稿）》修订了重新仲裁适用范围及仲裁庭组成的规定，主要包括：一是重新仲裁的适用范围为伪造证据、隐瞒证据、违反法定程序；二是法院可以根据案件情况在重新仲裁通知中限定审理期限；三是重新仲裁原则上由原仲裁庭进行，但当事人以仲裁庭组成或仲裁员行为不规范为由申请撤销的，应当另行组成仲裁庭。

3. 重新仲裁的程序

（1）法院通知重新仲裁。依据现行《仲裁法》第 61 条的规定，撤销仲裁裁决程序中止的前提，是人民法院认为当事人申请撤销仲裁裁决所解决的争议案件可以由仲裁庭重新仲裁，是否通知重新仲裁，由法院自由裁量决定。《仲裁法解释》第 21 条第 2 款规定，人民法院应当在通知中说明要求重新仲裁的具体理由，即人民法院认为当事人提出的撤销仲裁裁决的理由中能够成立的部分，要求仲裁庭对该部分内容进行重新仲裁。显然，人民法院通知仲裁庭重新仲裁，也让仲裁庭考量是否接受重新仲裁的建议，否则将面临仲裁裁决被撤销或者部分被撤销的可能。

（2）仲裁庭决定是否重新仲裁。虽然法院通知仲裁庭进行重新仲裁，但该通知只是一个建议，而非强制“命令行为”，是否重新进行仲裁，由仲裁庭自行决定，如果重新仲裁，则撤销仲裁裁决程序中止；如果仲裁庭拒绝重新仲裁，则人民法院应当裁定恢复仲裁裁决的撤销程序。

（3）重新仲裁的仲裁庭组成。仲裁庭重新仲裁时，可由原仲裁庭重新仲裁，而无须组成新的仲裁庭，给予仲裁庭一个自我纠正错误的机会，从而有利于仲裁庭作出公正裁决。

（4）重新仲裁时仲裁庭的审理范围。重新仲裁制度旨在有针对性地、公平而又经济地消除仲裁程序中的瑕疵，因此，重新仲裁审理的范围应有一定的限制。重新仲裁主要围绕人民法院认定的仲裁程序中的瑕疵进行审理，双方当事人不得另行提出与此无关的新问题，除非当事人对此达成一致。

（七）小结

笔者通过上述对我国国内撤销仲裁裁决制度的分析与论述，从纵向的时间纬度介绍了我国撤销仲裁裁决制度的发展，并以如何启动并审理撤销仲裁裁决为切口，从当事人与法院两个主体角度解读了我国撤销仲裁裁决的制度设计及司法实践应用，从中体现了我国法院进行仲裁司法审查在涉及撤销仲裁裁决方面的价值取向。撤销仲裁裁决作为仲裁司法审查程序中的一项重要制度，在我国仍处于不断完善发展的阶段。为促进这一制度进一步的改进与发展，我国从立法层面、社会层面均在不断实践、研究，以建设一个体系完备、内容详尽、与国际商事仲裁接轨的仲裁裁决撤销制度体系。①

二、仲裁裁决的不予执行

（作者：田锐华）

（一）不予执行仲裁裁决制度概述

对仲裁裁决的司法监督，主要通过两种途径：一是通过撤销仲裁裁决进行监督；二是通过对仲裁裁决不予执行进行监督。在仲裁裁决的权利人向人民法院申请强制执行时，如果被申请人认为仲裁裁决不具有合法性，可以针对执行申请向法院主张不予执行。

我国关于撤销与不予执行仲裁裁决规定在《仲裁法》第63条、《民事诉讼法》（2017年修正）第237条（现248条）以及相关仲裁法司法解释中。2017年至2018年初，最高人民法院先后发布《最高人民法院关于仲裁司法审查案件归口办理有关问题的通知》《最高人民法院关于仲裁司法审查案件报核问题的有关规定》（2021年已修订）、《最高人民法院关于审理仲裁司法审查案件若干问题的规定》《最高人民法院

① 李广辉：《仲裁裁决撤销制度之比较研究——兼谈我国仲裁裁决撤销制度之完善》，载《河南大学学报（社会科学版）》2012年第4期，第60页。

关于人民法院办理仲裁裁决执行案件若干问题的规定》等一系列司法解释，细化了仲裁裁决撤销、仲裁裁决执行案件的处理规则，有力推动了仲裁司法审查实践的发展与完善。

（二）仲裁裁决被不予执行或驳回执行申请的主要事由

在近两年审结并公开的仲裁裁决被裁定不予执行的案件中，法院援引的具体事由如表 3–1 所示[①]。

表 3–1　法院裁定不予执行仲裁裁决的事由

排名	法院裁定不予执行仲裁裁决的事由	案件数量	占法院裁定不予执行案件比例
1	仲裁庭的组成或者仲裁的程序违反法定程序	421	67.36%
2	执行该裁决违背社会公共利益	177	28.32%
3	当事人在合同中没有订立仲裁条款或者事后没有达成书面仲裁协议	77	12.32%
4	对方当事人向仲裁机构隐瞒了足以影响公正裁决的证据	19	3.04%
5	裁决的事项不属于仲裁协议的范围或者仲裁机构无权仲裁	16	2.56%
6	虚假仲裁损害案外人利益	15	2.4%
7	裁决所根据的证据是伪造的	13	2.08%
/	其他	83	1.28%

在审结并公开的仲裁裁决执行申请被裁定驳回的案件中，法院援引的具体事由如表 3–2 所示。

① 朱华芳、叶一丁：《仲裁裁决执行审查制度的实践观察及展望——以 2020 年度审结并公开的案件为例》，载《商事仲裁与调解》2021 年第 6 期。

表 3–2　法院驳回仲裁裁决执行申请的事由

排名	法院驳回仲裁裁决执行申请的事由	案件数量	占驳回执行申请案件比例
1	违反法定程序	254	42.69%
2	未提交有仲裁条款的合同或仲裁协议	83	13.95%
3	权利义务主体不明确	63	10.59%
4	未提交证据证明仲裁裁决已送达被执行人，仲裁裁决未生效	45	7.56%
5	违背社会公共利益	33	5.55%
6	金钱给付具体数额不明确或者计算方法不明确导致无法计算出具体数额	24	4.03%
7	因仲裁机构未经批准异地仲裁，仲裁裁决不具有法律效力	21	3.53%
8	仲裁裁决确定的履行期限未届满或被执行人履行义务的前提条件未成就	20	3.36%
9	申请执行人主体不适格	16	2.69%
10	因涉及行政管制、存在在先查封等，不具备可执行性	15	2.52%
11	行为履行的标准、对象、范围不明确	14	2.35%
12	申请执行人未提交证据证明具有从事金融业务的资质	12	2.02%
	申请执行人从事金融业务违反法律规定、属非法经营，或未提交证据证明网络借贷合法	12	2.02%
13	交付的特定物不明确或者无法确定	10	1.68%
14	概括表述申请执行立案提交的材料不合规定	9	1.51%
15	因采用电子送达或邮件显示退回，仲裁裁决未生效	7	1.18%

续表 3-2

排名	法院驳回仲裁裁决执行申请的事由	案件数量	占驳回执行申请案件比例
16	因仲裁员未在裁决上签名，仲裁裁决未生效	6	1.01%
	不具有实际给付内容	6	1.01%
17	当地全面取缔网贷业务	5	0.84%
18	继续履行的权利义务，以及履行的方式、期限等具体内容不明确	4	0.67%
/	其他	74	1.18%

如上所示，在执行程序中对仲裁裁决的司法审查范围原则上仅限于程序严重错误、超裁、伪造和隐匿证据等程序上事由，不再对案件是否公正、利益是否平衡等实体权利做判断。

1. 当事人申请不予执行仲裁裁决

2012 年《民事诉讼法》第 237 条（现行第 248 条）第 1 款规定："对依法设立的仲裁机构的裁决，一方当事人不履行的，对方当事人可以向有管辖权的人民法院申请执行。受申请的人民法院应当执行。"该条第 2 款规定，被申请人提出证据证明仲裁裁决有下列情形之一的，经人民法院组成合议庭审查核实，裁定不予执行。

（1）当事人在合同中没有订立仲裁条款或事后没有达成书面仲裁协议

仲裁协议是仲裁制度的基石，是仲裁庭获得仲裁权的来源，也是仲裁裁决具有与生效判决同等执行力的依据。如果没有仲裁协议或者合同没有约定仲裁条款，仲裁机构无权受理该案件并作出裁决。

例如，湖南省常德市中级人民法院（2021）湘 07 执异 45 号执行裁定书认定，"案涉《人民币资金借款合同》载明的合同当事人为彭某财和华丰公司，合同落款甲方处仅有'彭某财'的签名，甲方（配偶）

签名处为空白。李某珍并非上述合同的当事人，亦未在该合同上签字，不受该合同仲裁条款的约束。常德仲裁委员会仲裁裁决就李某珍有关事项进行仲裁，属于上述法律规定的‘当事人在合同中没有订有仲裁条款或者事后没有达成书面仲裁协议的’应裁定不予执行的情形”。

（2）裁决的事项不属于仲裁协议的范围或者仲裁机构无权仲裁

关于这点，法院主要从四个方面把握，即仲裁裁决是否超出仲裁协议约定的范围；裁决事项是否属于依照法律规定或者当事人选择的仲裁规则规定的不可仲裁事项；裁决内容是否超出当事人仲裁请求范围；仲裁机构是否系当事人仲裁协议所约定。

例如，深圳市中级人民法院（2016）粤 03 民特 347 号案中，法院认为，案涉借款与富建集团有限公司所犯的非法吸收公众存款罪属于同一事实，该纠纷为刑事案件，仲裁机构无权仲裁。

（3）仲裁庭的组成或者仲裁的程序违反法定程序

司法实践中，以该事由提出不予执行仲裁裁决的比较多，如仲裁员的选定程序违法、送达程序违法、仲裁员身份不合规、案件代理人无效委托、证据未质证、延期审理不合规等。

例如，湖南省岳阳市中级人民法院（2022）湘 06 执 155 号执行裁定书认定：“海南仲裁委员会在仲裁过程中，仅以短信通知方式提示被执行人相关仲裁事项、前往邮箱查收仲裁文书方式，以发送邮件方式告知被执行人海南仲裁委员网仲平台的登录网址、登录账号和密码用以查收相关仲裁文书，在不能确认被执行人已经知晓仲裁事项、收悉仲裁相关仲裁文书的情况下，直接采取不公开、不开庭审理，未保障当事人申请仲裁员回避、提供证据、答辩等仲裁法规定的基本权利，仲裁的程序违反法定程序。不予执行仲裁裁决。”

（4）裁决所根据的证据是伪造的

证据是仲裁庭查明案件真实情况、分清是非、确定双方当事人的责任界限并作出最终裁决的依据。如果据以确认事实、作出裁决的证据是虚假的，势必影响仲裁庭的判断，导致最终裁决的不公正，使当事人权利受损。实践中，以该事由不予执行的案件相比其他事由的案件较少，绝大多数仲裁员对证据是否属于伪造、是否应予以采纳把握比较严格。

例如，辽宁省营口市中级人民法院（2020）辽08执异19号执行裁定书认定，“案涉关键文书的印章均为虚假伪造。仲裁庭将具有明确鉴定结论盖有虚假印章，无法反映第一申请人和其上级主管部门营口分行真实意思表示的保证合同和担保授权业务书予以采信的情形符合相关司法解释规定，应当不予执行。”

（5）对方当事人向仲裁机构隐瞒了足以影响公正裁决的证据

仲裁裁决与当事人权利和义务密切相关。在仲裁程序中，证据主要依赖于当事人的提供。为维护自身的利益，在仲裁裁决中，当事人都会竭力提交对自己有利的证据。如果某证据对自己不利，却对对方有利时，其很可能采取隐瞒的方式不予提交。在这种情形下，仲裁庭在对具体事实的判断、对案件是非的认定和对纠纷责任的划分等上可能产生错误，导致最终不公平的裁决结果，损害当事人利益。

例如，北京市第二中级人民法院（2016）京02执异354号执行裁定书认定：“付某柯在仲裁庭审理过程中，未向仲裁庭披露涉案3000万元借款未按照合同约定用途使用的事实及相关证据。上述事实及相关证据对涉案借款合同担保人两岸公司的实体权益具有重大影响，足以影响仲裁庭公正裁决。不予执行仲裁裁决。”

（6）仲裁员在仲裁该案时有贪污受贿，徇私舞弊，枉法裁决行为

根据《最高人民法院关于审理仲裁司法审查案件若干问题的规定》第18条的规定，“仲裁员在仲裁该案时有索贿受贿，徇私舞弊，枉法裁决行为，是指已经由生效刑事法律文书或者纪律处分决定所确认的行为”。因此，即使当事人提供了仲裁员违反职业操守的线索，但若未经司法部门定性，以该事由申请撤裁则无法得到法院的支持。

（7）违背社会公共利益

由于目前“社会公共利益”的标准不明确，实务中争议比较大。一般情况下，法院会着重考虑仲裁裁决是否影响到了案外人的广泛利益；仲裁裁决与法律法规及国家政策是否相悖；是否导致仲裁当事人不当获益等，据此作出裁定。例如，海口市中级人民法院（2015）海中法仲字第10号认定，亿兴公司关于仲裁裁决违反法律规定将应当通过政府审计的市政工程越过法定的审计程序，侵犯了社会公共利益；深圳市中级人民法院（2018）粤03民特719号裁定书认为，《中国人民银行工业和信息化部中国银行业监督管理委员会中国证券监督管理委员会中国保险监督管理委员会关于防范比特币风险的通知》（银发[2013]289号）明确规定，比特币不具有与货币等同的法律地位，不能且不应作为货币在市场上流通使用。

被申请人提出不予执行仲裁裁决的申请之后，人民法院组成合议庭对不予执行的事由进行审查。审查后认为抗辩事由不能成立的，裁定驳回当事人的抗辩，执行继续进行；认为抗辩事由成立的，裁定不予执行。一旦裁定不予执行，仲裁裁决不仅不具有执行力，国内仲裁裁决还将丧失既判力。当事人可以再行达成仲裁协议重新仲裁，也可以就该争议向人民法院提起民事诉讼。

对于非涉外仲裁裁决，2012年《民事诉讼法》修改之前与《仲裁法》撤销仲裁裁决的事由有所不同，《民事诉讼法》的规定保留了法院对仲裁裁决更多的实体审查内容，仲裁裁决依据的主要证据不足或者适用法律有错误都构成不予执行仲裁裁决的事由。这样的规定使得法院实际上成为仲裁的“二审”法院，事实上否定了一裁终局原则，也最终否定了仲裁对司法解决纠纷的替代作用[①]。

法院对涉外仲裁的司法审查与非涉外仲裁相比要宽松一些，体现在不予执行的事由方面没有将“裁决所根据的证据是伪造的”和“对方当事人向仲裁机构隐瞒了足以影响公正裁决的证据的”作为不予执行涉外仲裁裁决的事由（2012年《民事诉讼法》第274条，现行第291条）。除了涉及我国社会公共利益外，人民法院几乎不审查涉外仲裁裁决的实体问题。

2. 案外人申请不予执行仲裁裁决

《最高人民法院关于人民法院办理仲裁裁决执行案件若干问题的规定》（以下简称《仲裁裁决执行规定》）第9条规定：“案外人向人民法院申请不予执行仲裁裁决或者仲裁调解书的，应当提交申请书以及证明其请求成立的证据材料，并符合下列条件：（一）有证据证明仲裁案件当事人恶意申请仲裁或者虚假仲裁，损害其合法权益；（二）案外人主张的合法权益所涉及的执行标的尚未执行终结；（三）自知道或者应当知道人民法院对该标的采取执行措施之日起三十日内提出。”

在《仲裁裁决执行规定》出台之前，若案外人对仲裁裁决关于交付标的物有争议，只能向法院申诉或反映，并由法院从是否违背社会公共利益之角度依职权进行审查。由于案外人不具有被执行人之地位，不能依据《民事诉讼法》第237条（现行第248条）申请不予执行，而第3款社会公共利益事由乃是法院的职权审查事由，案外人的申诉或反映不当然启动法院审查，因此案外人权利救济之路径事实上很难达成。最高人民法院注意到这一点，于是在《仲裁裁决执行规定》中专门设置了案外人申请不予执行仲裁裁决制度。该制度以仲裁当事人恶意串通、虚假仲裁损害案外人合法权益为核心，正式开启案外人责

① 张卫平：《现行仲裁执行司法监督制度结构的反思与调整——兼论仲裁裁决不予执行制度》，载《现代法学》2020年第1期。

问仲裁裁决、保护自身权利的救济之路。

例如，重庆五中院（2019）渝05执异263号执行裁定书认定，重庆仲裁委所作（2017）渝仲字第1473号裁决书主文第一项，损害了案外人龚某兵、朱某梅所享有的物权期待权，裁定："不予执行重庆仲裁委作出的（2017）渝仲字第1473号裁决书主文第一项。"

3. 因裁决属于"先予仲裁"而驳回执行申请

《最高人民法院关于仲裁机构"先予仲裁"裁决或者调解书立案、执行等法律适用问题的批复》指出："当事人申请人民法院执行仲裁机构根据仲裁法作出的仲裁裁决或者调解书，人民法院经审查，符合民事诉讼法、仲裁法相关规定的，应当依法及时受理，立案执行。但是，根据仲裁法第二条的规定，仲裁机构可以仲裁的是当事人间已经发生的合同纠纷和其他财产权益纠纷。因此，网络借贷合同当事人申请执行仲裁机构在纠纷发生前作出的仲裁裁决或者调解书的，人民法院应当裁定不予受理；已经受理的，裁定驳回执行申请。"

例如，2018年2月至3月，海口中级人民法院依次立案执行申请执行人互联网公司分别与被执行人吴某林、杨某、蔡某胜的民间借贷纠纷。执行法官经审查认为，《仲裁法》第2条规定，仲裁机构可以仲裁的是当事人间已经发生的合同纠纷和其他财产权益纠纷。互联网公司与吴某林、杨某、蔡某胜之间只是存在发生纠纷的可能性或者风险，湛江仲裁委员会分别在《借款合同》签后的第3日、第5日、第10日，即纠纷未实际发生时径行作出调解书，虽然名为调解书，但不是民事、仲裁法意义上的调解书，其性质类似于对合同进行见证，脱离了仲裁的基本原理和制度目的。依据2018年6月12日施行的《最高人民法院关于仲裁机构"先予仲裁"裁决或者调解书立案、执行等法律适用问题的批复》，海口中级人民法院依法驳回执行申请。

在金融强监管背景下，各地法院继续加强对网络借贷仲裁裁决的执行审查，就公开可查的申请不予执行网络借贷仲裁裁决案件，除极少数被裁定驳回外，大部分均被裁定不予执行。网络借贷裁决被裁定不予执行或驳回执行申请的事由中，排名前三的是违反法定程序、违背社会公共利益、无仲裁协议。

4. 因裁决给付内容不确定而驳回执行申请

《仲裁裁决执行规定》第 3 条规定："仲裁裁决或者仲裁调解书执行内容具有下列情形之一导致无法执行的，人民法院可以裁定驳回执行申请；导致部分无法执行的，可以裁定驳回该部分的执行申请；导致部分无法执行且该部分与其他部分不可分的，可以裁定驳回执行申请。（一）权利义务主体不明确；（二）金钱给付具体数额不明确或者计算方法不明确导致无法计算出具体数额；（三）交付的特定物不明确或者无法确定；（四）行为履行的标准、对象、范围不明确。仲裁裁决或者仲裁调解书仅确定继续履行合同，但对继续履行的权利义务，以及履行的方式、期限等具体内容不明确，导致无法执行的，依照前款规定处理。"

北京市高级人民法院（2019）京执复 2 号执行裁定书认为：当事人申请人民法院执行的生效法律文书应当具有明确的给付内容。本案中，作为执行依据的生效仲裁调解书确定中央党校对科技中心的网络及设备的修复、数据保护、所有物搬离等善后工作予以配合，提供相应的便利条件。但在执行过程中，双方当事人对搬离的具体物品及权属不能达成一致。法院以仲裁调解书对执行交付的标的物不明确为由，裁定驳回执行申请。

（三）不予执行制度与撤销仲裁裁决制度的冲突

撤销与不予执行制度是法院对仲裁裁决进行司法监督、审查的两种不同手段。二者的立法宗旨具有一致性，均是通过事后司法监督的方式来纠正仲裁裁决。

《仲裁法》第58条规定："当事人提出证据证明裁决有下列情形之一的，可以向仲裁委员会所在地的中级人民法院申请撤销裁决：（一）没有仲裁协议的；（二）裁决的事项不属于仲裁协议的范围或者仲裁委员会无权仲裁的；（三）仲裁庭的组成或者仲裁的程序违反法定程序的；（四）裁决所根据的证据是伪造的；（五）对方当事人隐瞒了足以影响公正裁决的证据的；（六）仲裁员在仲裁该案时有索贿受贿，徇私舞弊，枉法裁决行为的。人民法院经组成合议庭审查核实裁决有前款规定情形之一的，应当裁定撤销。人民法院认定该裁决违背社会公共利益的，应当裁定撤销。"《仲裁法》第63条规定："被申请人提出证据证明裁决有民事诉讼法第二百三十七条（现行第二百四十八条）第二款规定的情形之一的，经人民法院组成合议庭审查核实，裁定不予执行。"《仲裁法》第70条规定："当事人提出证据证明涉外仲裁裁决有民事诉讼法第二百七十四条（现行第二百九十一条）第一款规定的情形之一的，经人民法院组成合议庭审查核实，裁定撤销。"

通过上述法律规定可以看出，《仲裁法》采取的是双重监督的模式，随着2006年《仲裁法解释》的颁布，根据其第26条"当事人向人民法院申请撤销仲裁裁决被驳回后，又在执行程序中以相同理由提出不予执行抗辩的，人民法院不予支持"之规定，双重监督并非重复监督，因为撤销裁决申请被驳回后，当事人不能再以相同理由申请不予执行。2012年《民事诉讼法》修改了不予执行裁决的法定事由，将之前第213条的"主要证据不足"和"适用法律确有错误"改为第237条的"证据是伪造的"以及"隐瞒了足以影响公正裁决的证据"，自此，不予执行制度的法定事由与撤销裁决的法定事由完全一致。之后2018年的《仲裁裁决执行规定》第20条在肯定《仲裁法解释》的基础上完善了裁决撤销与不予执行的衔接机制，明确两者之间应以撤销裁决的审查优先。

由于撤销与不予执行存在差异，且这些差异还会导致制度衔接上的冲突，因此学界要求取消不予执行制度的声音一直存在。

（四）我国不予执行制度存在问题及建议

1. 不予执行仲裁裁决制度适用中暴露的问题

第一，制度设计缺陷。实务中确实存在双重审查的情形，很多驳回不予执行的裁定中都提到被执行人在之前已经申请过撤销该仲裁裁决且被法院予以驳回。尽管以相同理由再次申请不予执行的均被法院按照相关解释予以驳回，但这个现象也反映了当前的这种双重审查带来的问题。人为拖延执行或者阻碍执行，有些被执行人故意在不同时间内提起两个程序，使得执行程序被人为地拉长。

第二，不予执行法定事由的设置问题。有关不予执行的法律规定过于笼统，各地法院在具体审查考量时标准也不尽统一，比如在隐瞒证据及违背社会公共利益的认定上，法定事由既包括程序事项又包括实体事项，部分法院存在将各种审查事项混为一谈的问题，虽以程序审查为名，但实际上却对实体问题进行审查。这样的实体判断并不利于发挥法院司法审查的作用，更不利于追求仲裁效率。

第三，仲裁庭与仲裁员行为需要改进。在一些案例中，当事人以仲裁程序违法申请不予执行的比例很高，包括仲裁庭的组成存在问题、应回避未回避、未保障当事人选定仲裁员的权利等。还有仲裁庭的仲裁程序存在问题，比如送达程序、审理程序、证据问题、超过规则期限等。这些情形会给当事人留下负面影响，使其对仲裁的信任度下降。

2. 不予执行仲裁裁决制度的完善建议

第一，限制仲裁实体审查，统一撤销和不予执行的裁判尺度。我国司法审查采用“双轨制”由多种原因造成。我国具有大量的仲裁机构，仲裁事业繁荣但并不成熟，仲裁员素质也良莠不齐。在法律法规还未修订的情况下，限制法院对仲裁裁决的实体审查，尤其应当避免各级法院对“公共利益”作出扩大或任意解释而以此为由裁定不予执行仲裁裁决。

第二，明确不予执行的法定事由的标准。在程序事项的审查上，考虑到仲裁对效率的追求可能使得其在具体解决纠纷争议时存在一些瑕疵。如果这个瑕疵并不影响裁决的公正性或者不严重，应当允许仲裁庭予以补正。法院不能简单地因仲裁程序出错就直接裁定不予执行，而是应该体现支持仲裁、尊重仲裁结果的原则，严格限制不予执行的情形。

第三，重视仲裁行业自治和自我监督，警惕虚假仲裁和仲裁贪腐。仲裁庭与仲裁员要充分重视仲裁并严查自身。仲裁裁决的执行不是一个孤立的环节，能否得到法院的认可可以说贯穿仲裁过程的每个环节。从仲裁程序的开始到最后，仲裁庭和仲裁员都必须严格遵守相关规定。

三、仲裁案外人的权益救济

（作者：姚宇、李雅鑫）

司法审查主要体现对仲裁的监督与支持功能，并促进仲裁制度的健康发展。仲裁的公信力是这一监督与支持过程所维护的重要对象，对仲裁公信力的提升既从仲裁当事人权利义务的公正裁判中得到体现，又从仲裁案外人的权益保障中得到体现。

由于仲裁裁决效力的相对性、纠纷解决的相对性，生效的仲裁裁决原本不应对未曾参与仲裁程序、非仲裁案件当事人的案外人或第三人产生效力，但是观察我国近些年与仲裁关联的司法实践，因为他人之间仲裁结果导致仲裁案外人权益受损的情形越来越多，最为突出的是虚假仲裁引发的仲裁案外人权益受损的情形。[①] 相较于虚假仲裁，虚

① 参见张卫平：《仲裁案外人权益的程序保障与救济机制》，载《法学评论》2021 年第 3 期，第 34 页。

假诉讼的防范与治理被更早地纳入司法视野，其中《民事诉讼法》与《最高人民法院关于适用〈中华人民共和国民事诉讼法〉的解释》（以下简称《民诉法解释》）等司法解释以及《最高人民法院关于防范和制裁虚假诉讼的指导意见》等文件均对虚假诉讼问题作出了规定，此外《刑法修正案（九）》也正式确立了“虚假诉讼罪”。

但是，源于商事仲裁制度自身的特性，在虚假仲裁发生而侵害仲裁案外人权益时，现行法律规定及实践规则却鲜有对仲裁案外人权益的救济路径作出规定。结合当下对仲裁案外人权益救济的现状，笔者拟对与仲裁案外人救济相关的现行法律制度及其实践效果、完善机制予以探讨、梳理。

（一）仲裁案外人的权益救济现状

现行《仲裁法》未向仲裁案外人提供仲裁裁决损害其民事权益时的救济路径，为弥补该空白，最高人民法院于 2018 年 2 月 22 日发布的《仲裁裁决执行规定》为仲裁案外人申请不予执行裁决提供了依据。相关规定为惩治虚假仲裁、恶意仲裁，保护仲裁案外人权益发挥了一定作用。但由于不予执行仅否定仲裁裁决的强制执行效力，在虚假仲裁、恶意仲裁形成的裁决不经过强制执行时，现行法律、司法解释未赋予案外人任何救济手段，存在较为明显的制度缺失。

但无论如何，《仲裁裁决执行规定》对于虚假仲裁案件中的仲裁案外人的权利保障第一次进行了系统性的、有针对性的规定，有着积极的法律意义和社会意义。

1. 现行主要救济依据及实践效果

依据《仲裁裁决执行规定》第 9 条、第 18 条，当仲裁案外人合法权益受到损害时，其可以向受理执行程序的法院申请不予执行。此时，在程序性要件之外，案外人应当证明仲裁当事人恶意申请仲裁或者虚假仲裁，仲裁当事人之间存在虚构法律关系、捏造案件事实的情形，且裁决主文或者仲裁调解书处理当事人权利义务的结果错误并损害了案外人合法权益。

虽然《仲裁裁决执行规定》为虚假仲裁案外人的救济提供了制度依据，但是相关规定自 2018 年 3 月 1 日实施至今，据此得到法院对案外人的申请而不予执行的裁决却极少。根据我国法院对于仲裁裁决不予执行的公开文书，在 2019 年裁定不予执行的全部有效样本案件 873 件中，以“虚假仲裁损害案外人利益”为由的案件为 33 件、占比 3.78%；在 2020 年裁定不予执行的全部有效样本案件 625 件中，以“虚假仲裁损害案外人利益”为由的案件为 15 件、占比 2.4%；在 2021 年裁定不予执行的全部有效样本案件 382 件中，以“虚假仲裁损害案外人利益”为由的案件为 14 件、占比 3.66%。[①] 在 2022 年，以虚假仲裁损害案外人利益为由的案件有 21 件，仅有两起案件法院裁定不予执行。

此外，《民事诉讼法》第 238 条关于执行标的异议的规定亦为仲裁案外人赋予了救济路径。根据该规定，“执行过程中，案外人对执行标的提出书面异议的，人民法院应当自收到书面异议之日起十五日内审查，理由成立的，裁定中止对该标的的执行；理由不成立的，裁定驳回”。而根据最高人民法院的裁判精神，相关执行程序所依据的“原判决、裁定”也包括仲裁机构作出的、依法应当由法院执行的仲裁裁决书、仲裁调解书。[②] 虽然执行异议并非针对虚假仲裁或恶意仲裁现象，但在实践中存在部分法院将执行异议、执行异议之诉的相关规定套用于案外人申请不予执行仲裁裁决案件。

---

① 参见朱华芳等:《2021 年度中国仲裁司法审查实践观察报告——大数据分析》，载天同诉讼圈微信公众号，2022 年 8 月 15 日访问。

② 参见最高人民法院民事判决书，（2018）最高法民申 2423 号。

总体而言，自《仲裁裁决执行规定》实施后，实践中仲裁案外人据此对虚假仲裁裁决成功申请不予执行的案件数量、比例均较低。虽然我国目前并未对虚假仲裁案件发生的数量或频率有一致统计口径，但从近年关于虚假仲裁现象的曝光案例、司法审查救济情况来看，只有极少数虚假仲裁案外人能依据此规定得到救济，该条款暂不能从根本上解决虚假仲裁所带来的危害。

2. 现行救济的局限性

根据《仲裁裁决执行规定》，仲裁案外人拟依据第 9 条、第 18 条申请不予执行裁决的，至少应证明仲裁当事人通过恶意仲裁或虚假仲裁损害了其合法权益、仲裁当事人之间存在虚构法律关系或捏造案件事实，以及裁决对当事人权利义务的处理存在错误。

相关证明标准体现了对于虚假仲裁这一现象量身定制的救济特点，但其也为仲裁案外人救济的实现带来了困难。首先，由于仲裁自身的保密性，案外人往往难以掌握仲裁中的具体情况；其次，在裁决作出后的执行阶段，救济亦存在时间上的滞后及权利的被动行使问题。这也导致了对仲裁案外人救济的以下局限性。

（1）履行举证责任的困难

仲裁案外人在执行程序中证明仲裁裁决内容全部或部分属于恶意串通、虚假仲裁，绝非易事。

就实质要件而言，仲裁案外人需要有证据证明仲裁案件当事人恶意申请仲裁或者虚假仲裁，损害其合法权益。但在现实中，如果仲裁当事人属于利用仲裁程序恶意串通，其证据往往是掌握在仲裁当事人手中，仲裁案外人亦很难掌握这部分证据进行有力的证明。并且，由于仲裁制度的保密性，仲裁案外人也很难通过公开的渠道收集对其有利的证据，在一般情况下，仲裁案外人至多仅能证明自身权利的存在，而无法就仲裁裁决中存在的虚假证据以及仲裁当事人的恶意串通行为进行充分举证。因此，仲裁案外人在事先没有参与到仲裁案件本身，事后又难以接触仲裁卷宗材料的状况下，想要举证证明仲裁当事人恶意串通、虚假仲裁的难度不言而喻。

就证明标准而言，《民诉法解释》第 109 条规定："当事人对欺诈、胁迫、恶意串通事实的证明，以及对口头遗嘱或者赠与事实的证明，人民法院确信该待证事实存在的可能性能够排除合理怀疑的，应当认定该事实存在。"该条规定要求当事人在民事诉讼中对恶意串通事实的证明标准达到"排除合理怀疑"的程度，这一标准对于仲裁案外人证明仲裁案件当事人利用仲裁程序恶意串通或者虚假仲裁的证明标准具有参考意义。因而，"排除合理怀疑"的证明标准进一步加剧了仲裁案外人的举证困难。

可见，仲裁保密性这一特征在为仲裁当事人提供严密保护的同时，也为虚假仲裁中的案外人权益救济带来了天然的阻碍。

（2）制度实操中易被架空

在程序启动上，仲裁案外人向人民法院申请不予执行仲裁裁决以案件进入执行程序为前提。这就意味着，首先，该制度需要生效仲裁裁决具有可执行内容，也就是只有包含给付内容的才能进入执行程序，至于只包含确认、变更的裁决内容则无需进入执行程序，仲裁案外人亦无法通过该途径保障其合法权益；其次，只有在裁决义务人不主动履行生效裁决书，且裁决权利人已经向法院提出申请强制执行程序后，仲裁案外人才有机会向执行法院申请不予执行。

对于仲裁案外人未能及时提出不予执行申请的情形，仲裁案外人也无法通过执行回转的方式得到救济。根据《民事诉讼法》第 244 条，执行回转的前提是据以执行的判决、裁定和其他法律文书确有错误，被人民法院依法撤销。如果仲裁裁决存在错误，有权请求撤销的只能是双方仲裁当事人，而在虚假仲裁的背景下，仲裁当事人主动请求撤销裁决是不现实的，同时，法院或仲裁机构亦无权主动撤销该仲裁裁决。此时，在司法实践中会存在这样一种典型困境，仲裁当事人通过恶意串通、虚假仲裁方式取得生效仲裁裁决，致使仲裁案外人的利益受到损害，但仲裁裁决内容没有经过执行阶段或者已经执行终结，仲裁案外人无法借助有效方式得到救济。

回归仲裁当事人恶意串通、虚假仲裁的本质，虚假仲裁当事人可能并不需要经过执行程序即实现其串通目的。一方面，仲裁当事人企图通过仲裁形成对案外人不利的事实，或者利用仲裁裁决取得债权分配优先权（如所有权、优先债权等），其目的可能是影响之后的诉讼，这种情况下，通常不会进入执行程序，那么仲裁案外人自然也就无法申请不予执行仲裁裁决。另一方面，即使虚假仲裁裁决具有可执行内容，当事人一般会在仲裁裁决作出后积极、主动地履行裁决书或调解书确定的义务，以尽快实现转移财产等非法目的，避免进入强制执行程序，以防止被侵犯权益的案外人提出抗辩或救济。在这种情况下，仲裁案外人亦无法通过申请不予执行进行救济。

（3）执行程序“单轨救济”的局限性

对于生效的仲裁裁决书，各国仲裁司法审查中的救济制度总体可概括为两种：一是双轨救济，即通过撤销裁决、不予执行两种制度实现救济；二是单轨救济，即仅通过撤销裁决制度实现救济。通常而言，对于错误仲裁裁决书的救济不会缺少撤销裁决这一救济方式，因为只有对裁决书自身的法律效力予以否定，才能根本解决该裁决带来的负面效应。

但是，目前我国在仲裁案外人的救济方式之中，案外人仅享有申请不予执行的权利，不享有申请撤销裁决的权利。由此导致，即使仲裁案外人对仲裁裁决申请成功了不予执行，其终止的也只是仲裁裁决的执行力，仲裁裁决的既判力仍然存在。此时，虚假仲裁裁决中所确认的相关事实、权利义务关系仍然存在法律效力，根据《最高人民法院关于民事诉讼证据的若干规定》第10条第1款第5项，“当事人无须举证证明……已为仲裁机构的生效裁决所确认的事实”。受虚假仲裁裁决既判力的影响，相关裁决文书中所确认的事实内容、法律关系，亦可成为后续案件中被利用的证据。因此，仅赋予仲裁案外人不予执行的救济权利存在局限性，并未能彻底消除虚假仲裁对案外人的根本影响，致使仲裁案外人相关的权利义务依然存在受侵害的不确定性。

在跨境纠纷中，虚假仲裁对案外人权益的影响效果更加复杂。由于当事人可能存在位于不同法域的资产，即使虚假仲裁裁决被我国法院裁定不予执行，依然存在得到《纽约公约》其他缔约方法院承认及执行的可能性。在国际仲裁的语境下，若仅享有在执行程序中的“单轨救济”权利，更加难以实现对仲裁案外人的权益保护效果。

（二）仲裁案外人救济制度的完善路径

1. 关于诉讼法救济

（1）关于仲裁案外人撤销裁决的制度设计

根据《仲裁法》第58条“当事人提出证据证明裁决有下列情形之一的，可以向仲裁委员会所在地的中级人民法院申请撤销裁决”的规定，对于仲裁裁决的撤销申请主体仅限于仲裁当事人，不包括仲裁案外人，且法院、仲裁机构亦不能依职权主动进行审查。如前所述，对于虚假仲裁裁决，在案外人无法撤销的情形下，即便已经被不予执行，依然存在侵犯案外人权益的可能。①

参考《民事诉讼法》第59条规定的第三人撤销之诉制度，对于争议标的享有独立请求权或同争议处理结果有法律上利害关系的第三人，

① 参见牛正浩、刘允霞：《虚假仲裁规制与案外人权利保障》，载《法律适用》2020年第17期，第159页。

可以申请法院撤销或改变生效的裁判文书。在虚假诉讼中，该制度在于防范原诉讼当事人通过合谋串通、虚假起诉的方式骗取司法生效文书，侵害第三方合法权益，对打击虚假诉讼起到了很好的作用。

因此，结合《仲裁法》关于撤销裁决的规定，并参考《民事诉讼法》关于第三人撤销之诉的规定，可以考虑在《仲裁裁决执行规定》赋予虚假仲裁第三人申请不予执行的基础上，进一步设计虚假仲裁案外人申请撤销裁决的制度，从而根本保障案外人的权益不被虚假仲裁裁决所侵犯。

（2）关于法院的主动审查

首先，根据《仲裁法》《民事诉讼法》及相关司法解释，无论是撤销仲裁裁决，还是不予执行仲裁裁决的司法审查方式，均需依据当事人的申请而进行，法院无权主动审查。但是，结合虚假仲裁的特点，在案外人对虚假仲裁不知情或未向法院主张异议的情况下，仲裁当事人不会主动提起司法审查程序。而法院对于虚假仲裁裁决的主动司法审查又缺乏法律依据，最终难以形成对仲裁案外人的有效保护。

因此，应考虑进行法院主动对于虚假仲裁的司法审查机制设计。根据《仲裁法》第58条第3款、《民事诉讼法》第248条第3款的规定，裁决违背社会公共利益是撤销裁决、不予执行的理由之一。相应地，在对相关规定的司法解释中，可进一步明确将虚假仲裁作为违背社会公共利益的情形之一，并允许法院对于该项事由依职权予以主动审查。

其次，上级法院能否依职权对下级法院不予执行仲裁裁决的裁定进行审判监督，司法实践中存在不同认识。最高人民法院近年来多次通过执行监督程序撤销下级法院裁定，例如（2020）最高法执监29号、（2020）最高法执监96号、（2020）最高法执监191号、（2020）最高法执监531号等民事裁定书，且在个案中明确指出：虽然《民事诉讼法》第157条第1款规定法院可就撤销或者不予执行仲裁裁决作出裁定，但第 2 款又规定上诉的范围仅限于不予受理、对管辖权有异议、驳回起诉这三种情形。因此，在人民法院裁定不予执行仲裁裁决后，当事人对该裁定提出执行异议或复议的，人民法院不予受理，但是该规定并未禁止人民法院对该类裁定依法启动审判监督程序。据此，对于涉及虚假仲裁裁决的执行裁定，可以考虑作为上级法院依法启动审判监督程序的一个切入口，由此出发明确法院依职权审查以充分保护仲裁案外人权益。

（3）关于仲裁案外人的举证渠道

结合前文《仲裁裁决执行规定》对仲裁案外人不予执行虚假仲裁裁决的举证要求，应当适度完善仲裁案外人的举证渠道，增强仲裁案外人的取证能力，为虚假仲裁案外人提供实质性的权益保护。例如，完善仲裁机构对于可能存在恶意仲裁的仲裁过程中的材料收集制度，以保证仲裁程序有据可查，当仲裁案外人提起撤销之诉而缺乏直接证据时，可以在经法院批准的情况下，向仲裁机构申请调取仲裁过程中的相关材料；或者法院在虚假仲裁案件中，由仲裁案外人提供初步证据证明其合法权益受到侵害后，可以依职权调取证据，向仲裁机构、执行机构等部门调取相关证据材料，还原案件事实，切实维护仲裁案外人的合法权益。

2. 关于仲裁法救济

现行《仲裁法》自 1995 年实施至今，经历了商事仲裁制度在我国由青涩到成熟的发展阶段。在《仲裁法》实施后的近 30 年间，最高人民法院不断推出相关司法解释、代表性案例以紧随仲裁制度的实践步伐，在《仲裁法》修订前为商事仲裁的实践提供指引，也为我国仲裁制度与国际仲裁领先实践的接轨提供助力。2021 年 7 月 30 日，司法部关于《仲裁法（修订）（征求意见稿）》的发布，正式标志着我国商事仲裁制度将迈入下一个发展阶段，从而为中国本土特色的仲裁经验与国际仲裁实践的有机结合提供立法依据。这既是中国仲裁实践近30年来积累的呈现，吸收了国内法院、仲裁机构的前沿经验，也是境内外仲裁联动发展的互动结果，借鉴了国际仲裁主流实践的成熟经验。其中，对于仲裁案外人权益保护的救济制度也是该征求意见稿的亮点之一。

《仲裁法（修订）（征求意见稿）》第84条、第85条分别为仲裁案外人权利救济提出两方面重大改革举措：一是明确允许案外人在裁决执行过程中对执行标的提出书面异议；二是规定案外人有证据证明裁决错误损害其民事权益的，可以依法对当事人提起诉讼，且在案外人起诉并提供担保的情况下，裁决中止执行。

此外，该征求意见稿亦将诚实信用原则引入，即仲裁应当诚实善意、讲究信用、信守承诺，此举动有利于引导当事人诚信仲裁、打击虚假行为，维护案外人正当权利。

基于现行法对仲裁案外人权益保护的制度设计，该征求意见稿对现行救济制度予以进一步明确，但仍聚焦在虚假仲裁裁决作出后的事后救济。从现实效果出发，虚假仲裁裁决作出前，亦可从仲裁机构、仲裁员等案件受理、审理主体的角度对案外人权益保护方法予以完善。

（1）裁决作出前的事前防范路径

相较于虚假诉讼，虚假仲裁对于案外人可能威胁更大的原因即仲裁区别于诉讼的特殊性，包括仲裁程序的自治性、保密性及仲裁裁决的“一裁终局”。在不公开审理的前提下，虚假仲裁当事人还可以达成对程序性权利放弃或期间缩短等的合意，使得本就高效的仲裁审理周期被利用，导致案外人在虚假仲裁裁决作出前发现这一情形的窗口期缩短、无法提前介入和预防虚假仲裁裁决的作出。而基于仲裁裁决“一裁终局”的法律属性，一旦错过仲裁审理的阶段，对生效仲裁裁决的救济及效力否定往往更难。

因此，虚假仲裁裁决作出前的审理阶段显得十分重要。仲裁机构、仲裁员及办案秘书在这一阶段应发挥预警作用，应尽早实现对虚假仲裁的识别以对案外人权益侵害起到预防作用。

① 落实诚实信用原则，建立诚信档案

仲裁程序中，在积极发挥基本原则的导向性作用的同时，可以规定配套的诚信仲裁制度，明确违反该原则的惩治措施。仲裁机构应从受理环节开始，加强警示识别工作。一方面，在立案、接待窗口的醒目位置设立禁止虚假仲裁的警示，印发打击虚假仲裁法律宣传手册，使仲裁当事人知晓虚假仲裁的后果，引导其诚信仲裁；另一方面，要求当事人填写“诚信仲裁承诺书”“关联案件信息披露表”，进一步向当事人明确虚假仲裁所应承担的民事、刑事责任，保障该原则能够得到贯彻落实。

建立虚假仲裁、虚假诉讼电子诚信档案，将存在虚假行为的当事人信息录入数据库，建立统一的电子诚信档案，法院和仲裁机构之间可以共享此档案库，当事人提起或参与仲裁、诉讼时，仲裁机构、法院的工作人员可以通过信息库查询当事人是否实施过虚假行为，对于有“前科”的当事人，仲裁员、法官要对其参与的仲裁、诉讼活动高度关注、严格把关，提醒当事人诚实守信。此外，还可以考虑将电子诚信档案与当事人的信用消费挂钩，如对于不诚信者，可以限制其银行贷款、限制高消费等，情节严重的，可以向社会公开不诚信名单。

② 完善仲裁立案、审理过程的识别与预警机制

目前已有仲裁机构创新性地在机构内部建立虚假仲裁防范与预警机制，如北京仲裁委员会内部设立的立案秘书预警提示机制，立案秘书会标注或提示办案秘书重点关注在立案阶段被合理怀疑的当事人，

仲裁庭在仲裁过程中可对其加以重点关注。[1] 此外，仲裁机构内部还通过建立仲裁程序中的异常情况报告制度，进一步完善虚假仲裁预警机制。当仲裁机构发现存在虚假仲裁、恶意仲裁的情形时，仲裁机构有权拒绝出具仲裁裁决书，情节严重时，还可将相关材料报送相关部门对虚假仲裁当事人进行惩戒。

要充分发挥仲裁机构内部虚假仲裁防范与预警机制的效力，需进一步建立与完善虚假仲裁的识别机制。

首先，在立案阶段仲裁委员会除了对是否存在仲裁协议，仲裁申请是否存在具体请求、事实及理由，是否在仲裁机构受理范围等问题进行审查之外，应额外关注案件类型，即其是否属于虚假仲裁高发案件类型。具体而言，如民间借贷、被申请人财产正处于法院强制执行阶段、已经资不抵债的企业是被申请人的财产纠纷等，仲裁机构的工作人员可以询问当事人的经济状况、双方的社会关系等，并制作笔录附卷。如果其审后认为具有虚假仲裁可能的，应做好相关记录并随卷移送仲裁庭。

其次，对于在立案阶段已被发现有嫌疑的案件，仲裁庭审理时应当审慎对待。一方面，在对案件进行实质性审查的过程中，仲裁庭应当认真核实证据的真伪，若证据涉嫌伪造的，仲裁庭可要求当事人说明情况或提交证据原件，当事人没有合理原因又不能提交证据原件，仲裁庭可以认定其证据不足，对其请求不予支持。另一方面，对于仲裁双方当事人配合默契、对抗性不强、多次要求调解快速结案的，仲裁庭需谨慎对待当事人的自认，审慎适用调解方式。

对于在立案阶段未被记录有嫌疑的案件，仲裁庭也不能因此放松警惕，轻易排除虚假仲裁的可能。尤其是对于虚假仲裁的高发案件类

---

① 参见靳建丽:《对仲裁案外人权利救济法律路径研究——以虚假仲裁为视角》，载《山东社会科学》2021 年第 1 期，第 151 页。

型，仲裁庭必须严格审查案件证据，查看其是否能够相互印证，积极寻找案件的矛盾点和冲突点，以此判断案件是否属于虚假仲裁。

最后，如果能够确定属于虚假仲裁的，仲裁庭应该终止审理。对于情节严重、可能涉及犯罪的当事人，仲裁庭应移送公安机关。

③ 引入仲裁案外人听取评判机制

有学者建议参照民事诉讼制度的第三人制度，在仲裁法中引入仲裁第三人制度来实现对虚假仲裁案外第三人的权益保护。但鉴于其破坏仲裁契约性的本质基础且虚假仲裁的当事人通常不会同意第三人的加入，因而颇具争议难获推行。[①]

在不违背仲裁协议基础原则的前提下，建立仲裁案外人听取评判机制能够一定程度改善虚假仲裁的乱象。在仲裁过程中，仲裁庭发现有虚假仲裁嫌疑时，应主动依职权将案件的有关情况通报给利害关系人，依职权向案外人搜集相关证据；同时，仲裁案外人有权提出关于存在虚假仲裁的主张，陈述事实与理由，为此提供证据。仲裁庭应向当事人宣示案外人所持主张及所提供的证据，要求当事人对此发表意见并举证。仲裁庭在综合案情的基础上，对案外人的主张进行评判，认为案外人主张成立的，应驳回当事人的仲裁申请。

这种评判机制有利于仲裁庭全面准确地查明案情，识别虚假仲裁，防止当事人恶意串通损害第三人利益。仲裁案外人听取评判机制有别于以往学界提出的在仲裁程序中引入仲裁第三人的主张：一方面，其并未让第三人实质地参与仲裁的过程，仅是赋予仲裁庭向第三人调取是否存在虚假仲裁证据的权利和义务，赋予第三人提供补充证据的资格。另一方面，该机制通过将“存在虚假仲裁嫌疑”作为引入案外人提供证据协助仲裁的前置条件，避免一概地引入仲裁第三人动摇仲裁

① 参见董暖、杨弘磊：《虚假仲裁案外人权利的司法救济研究》，载《法律适用》2017年第21期，第69页。

的根基，增加程序负累，贯彻并维持了仲裁的自治性、保密性、高效性。[①]

（2）仲裁裁决作出后的事后救济路径

仲裁机构独立于行政机关和司法机关，与其他仲裁机构也没有隶属关系。仲裁机构的独立性使得仲裁领域没有诉讼领域内的审理监督程序，无法通过仲裁机构自我再审或上级仲裁机构启动再审来对错误的仲裁裁决进行纠正。[②]我国《仲裁法》第 56 条规定，对裁决书的补正仅限于文字错误、计算错误或已裁决但裁决书中遗漏的三种情况，不能实际地作用于虚假仲裁情况下裁决书的更正和撤销。虚假仲裁的裁决书所可能带来的危害远甚于《仲裁法》第 56 条规定的错漏情形，却在立法上缺少救济的措施，在此情形下，建立仲裁机构的自行启动纠错程序势在必行。

仲裁机构的自行纠错程序是指在裁决书作出后，若有确切证据指明仲裁当事人存在恶意串通提起仲裁，通过虚构法律关系、提供虚假陈述或者伪造证据等手段，取得仲裁裁决、侵害案外人利益的行为，仲裁机构可启动内部纠错程序，更正裁决书内容或撤销已作出的裁决书，以消解虚假仲裁裁决所产生的“负外部效应”，以从源头上杜绝虚假仲裁可能造成的危害。同时，仲裁机构自行纠正虚假仲裁裁决书，能够有效避免仲裁案外人向法院另行起诉后取得的生效判决与仲裁裁决存在冲突的情况发生。

3. 关于实体法救济

虽然《仲裁裁决执行规定》创设了案外人申请不予执行仲裁裁决制度，但是实践中该制度收效甚微，案外人难以此路径获得救济。其

---

① 参见张宇:《虚假仲裁民事救济途径有三》，载《检察日报》2015 年 1 月 25 日，第 3 版。

② 参见易晓东:《虚假仲裁中的案外第三人权益保护》，载《山西师大学报（社会科学版）》2018 年第 1 期，第 34 页。

成因主要有二。

第一，不予执行制度的实质要件难以满足。《仲裁裁决执行规定》第 9 条与第 18 条规定了案外人申请不予执行的实体审查要件包括了“仲裁案件当事人存在恶意仲裁行为”的行为要件与“仲裁裁决或调解书损害案外人合法权益”的结果要件。其中，结果要件的具备与否在于错误的裁决是否发生变动实体法律关系的效果。债权关系具有相对性，债权的变动一般不对案外人产生影响；就物权关系的变动而言，根据《民法典》第 229 条规定，仅当合同被撤销后原所有权人恢复所有权和协议不成时请求法院分割共有财产的生效裁决才会发生物权变动的法律效果。易言之，仅在上述两类案件中，仲裁当事人恶意串通利用仲裁程序，才可能满足“仲裁裁决损害案外人合法权益”的结果条件。

第二，不予执行制度只消灭仲裁裁决的执行力，无法消灭仲裁裁决的既判力，故无法终局性地救济案外人权利。虚假仲裁裁决被裁定不予执行之后其既判力仍然存在、仍然具有终局效力，进而导致当事人就不得再对此进行争议，法院也不能在存在有效仲裁裁决的情况下进行审理。案外人若要实现终局性的救济，还需要撤销仲裁裁决并且要求确认自己的权利主张。法院只裁定“不予执行”使得仲裁裁决的效力在事实上被全部否定，虽然其实际后果与撤销仲裁裁决一样，但在法理逻辑上原裁决依旧处于合法有效的状态，最终导致仲裁裁决落入“法律上有效，事实上无效”的尴尬局面。

与之相比，另行起诉可以终局性地解决实体问题，并且没有对救济条件进行程序限制，是案外人寻求救济得更合理方式。其理论基础在于：仲裁案外人不属于仲裁裁决既判力约束的对象。基于既判力相对性原则，既判力发生作用的前提是参加诉讼的当事人获得了充分争议的机会保障。因此，仲裁裁决只对提出请求及相对的当事人有拘束力，对被裁判的请求所涉及的对立当事人以外的人不发生既判力，那么案外人在权利受到侵害后，仍然可以就仲裁过的法律关系再次提起诉讼，以保障其通过司法途径获得程序性权利的救济。

另外，不同于不予执行制度以裁决进入执行阶段为程序性要件，另行起诉不受仲裁案件处于何种阶段的限制，只要发现权利被侵害即可提起诉讼。此处对案外人权益造成损害的主体并非内容有误的仲裁裁决，而是仲裁当事人之间的法律行为。同时，提起普通民事诉讼而非不予执行仲裁裁决的特别救济程序，案外人可以获得更多的案件准备时间。[①] 通过另行起诉的方式，案外人可以针对损害自身权利的行为提起诉讼，同时主张确认自己的权利，才能实现对案外人进行救济的最终目的。完善我国既判力制度，限制仲裁裁决作用的主观范围，保证案外人另诉渠道的畅通，才是保护案外人权益的关键。

另行起诉包括两种情况，一种是案外人对虚假仲裁者的侵权行为提起侵权之诉，另一种是案外人基于实体利益另行起诉。

关于虚假仲裁侵权损害赔偿之诉，是指仲裁案外人因虚假仲裁的侵害而遭受损失，依法向法院提起的要求仲裁当事人承担侵权赔偿责任的诉讼。该诉符合一般侵权行为构成要件，即侵权行为、损害后果、侵权行为与损害后果之间具有因果关系、侵权行为人存在过错。虚假仲裁是双方当事人恶意串通实施的共同侵权行为，行为人承担责任的大小以被侵权人实际遭受的损失为限，承担责任的方式主要是赔偿经济损失。

但是在仲裁裁决被撤销前，独立的侵权之诉存在诸多问题。其一，已为仲裁机构的生效裁决所确认的事实当事人无需举证证明，如果在

① 参见马骁:《不予执行还是另行起诉？案外人对仲裁裁决寻求救济的实证研究》，载《北京仲裁》第 117 辑，中国法制出版社 2022 年版，第 95 页。

虚假仲裁裁决已经认定事实的基础上提起侵权之诉，侵权事实并不能成立。其二，即使仲裁案外人摆脱了虚假仲裁裁决所确定事实的限制并取得了有利判决，又会存在法院判决和仲裁裁决相互矛盾的情况，在执行阶段也会存在问题。其三，目前《民法典》侵权责任编所保护的财产权仅限于物权，对于侵犯债权的行为并不能通过侵权之诉寻求救济，虚假仲裁所侵犯的仲裁案外人利益并不限于物权，很多时候还包括债权，例如通过虚假仲裁逃避执行的情况。

关于实体权益之诉，作为仲裁案外人救济方式的合理性在既判力相对性原则的约束下，仲裁案外人并不是仲裁程序的当事人，不受仲裁裁决终局确定力的约束，同时，亦不受“一事不再理原则”的约束，因此可以在仲裁机构已作出生效仲裁裁决的情况下，向法院对该实体争议纠纷另行起诉。在诉讼程序上，仲裁案外人基于其实体利益所提起的诉讼没有经过法院或者仲裁机构处理，因此法院不应拒绝审理。另行起诉的主张和事实依据也不同于先前仲裁的主张和依据，并不存在矛盾的问题。但是，在执行程序上，由于虚假仲裁裁决的存在，虚假仲裁裁决和实体权益之诉所获取判决的执行标的可能存在矛盾，或者因为虚假仲裁裁决的执行，后诉的判决就难以获得实际执行。

实践中，因为另行起诉不能直接要求法院撤销仲裁裁决，且法院对另行起诉进行审理过程中不能暂停原裁决的执行，待该诉讼的胜诉判决作出时，原裁决可能已执行完毕。这时候，如果依判决书申请执行并要求执行回转，会与原仲裁裁决相互排斥。即使是未获执行，仲裁案外人获得的有利判决也不能排除原仲裁裁决的效力，此时因相互矛盾的两个生效法律文书存在，可能使仲裁案外人的权益救济变得更加复杂。

（三）小结

《仲裁裁决执行规定》对仲裁裁决不予执行制度的规定弥补了虚假仲裁裁决损害案外人权益的救济空白，敲响了案外人权益保护的大门。不予执行的程序性要件和由仲裁保密性导致的案外人获悉权益受侵害滞后、证据获取困难，以及证明标准的设置又将仲裁案外人拒之门外。同时即便叩开了不予执行制度的大门，“单轨救济”的局限性也使其难以终局性地解决虚假仲裁裁决所带来的负面效力。为此，笔者提出以诉讼法救济、仲裁法救济及实体法救济建构“三管齐下”的仲裁案外人救济路径，在源头上防治虚假仲裁裁决的作出，在事后为仲裁案外人提供充分的终局救济，实现对虚假仲裁的有效法律规制，提高仲裁公信力。

四、我国国内仲裁裁决司法审查单双轨制问题研究

（作者：李灵）

（一）导言

仲裁作为民事诉讼外的重要争议解决手段，天然的民间属性使得其存在一定的局限性。为避免仲裁的局限性对仲裁的公正造成损害，国家公权力通过建立司法监督制度对民商事仲裁活动进行干预有其正当性和合理性。但国家公权力对民商事仲裁活动进行干预，需要对仲裁的公正和效率这两个价值进行平衡，即“司法应当适度介入民商事仲裁活动”[①]，过度干预将会影响仲裁的独立与高效，从根本上损害仲裁的权威和公信力。

① 参见张斌生主编:《仲裁新论》，厦门大学出版社 2008 年版，第 317 页。

我国目前对仲裁裁决的司法监督为“双轨制”，即仲裁裁决撤销制度和仲裁裁决不予执行制度并行，对仲裁裁决进行双重审查。随着我国仲裁的发展完善，仲裁裁决司法审查“双轨制”存在的问题逐渐显露：其一，早期仲裁裁决撤销制度和仲裁裁决不予执行制度在审查事由方面的不一致，导致两种制度下对仲裁裁决的司法审查结果存在差异和冲突的可能。其二，原本作为仲裁裁决程序救济第二道防线的不予执行制度，因当事人权利滥用以及部分地方保护，反而成为拖延仲裁裁决被有效执行的工具，妨害了仲裁的效率价值的实现。其三，仲裁裁决不予执行制度，实质是在执行程序中对执行依据进行审查。人民法院裁定不予执行仲裁裁决，表面是令仲裁裁决丧失执行力，但实质上是令仲裁裁决失去既判力，违背了民事诉讼中审执分离的基本原则。

2012 年《民事诉讼法》修改后，国内仲裁裁决撤销制度和仲裁裁决不予执行制度在审查事由方面进行了统一。《民事诉讼法》的这次修改，虽解决了此前我国国内仲裁裁决撤销制度和仲裁裁决不予执行制度因审查事由不一致导致司法审查结果存在差异和冲突的问题，但没有实际解决这两种制度之间的关系以及内在冲突，同时也产生了新的问题：审查事由予以统一后的仲裁裁决撤销制度和仲裁裁决不予执行制度在审查功能方面趋于同一化，继续叠加适用一定程度上也造成司法资源的浪费。

2018 年，《仲裁裁决执行规定》虽对仲裁裁决不予执行审查程序在审查期限、审查事由、事后救济措施的限制等多方面进一步细化规定，但仍然未能从根本上解决仲裁裁决不予执行制度存在的诸多问题。

在此情形下，对于我国国内仲裁裁决司法审查制度应当继续实施仲裁裁决撤销制度和仲裁裁决不予执行制度并行的“双轨制”，还是实施废除仲裁裁决不予执行制度、仅保留仲裁裁决撤销制度的“单轨制”，成为学界和实务界广泛讨论的热点问题。

（二）我国国内仲裁裁决司法审查:“双轨制”，还是“单轨制”？

自2012年《民事诉讼法》将国内仲裁裁决撤销和不予执行的法定事由统一后，我国仲裁裁决司法审查制度实施“单轨制”还是“双轨制”，引发了学术界和实务界的新一轮研究和讨论，从对不予执行国内仲裁裁决制度的取舍态度来划分，主要存在主张保留、坚持“双轨制”和主张取消、实施“单轨制”的两种观点。

1. 坚持“双轨制”

持保留态度、认为应当继续坚持“双轨制”这一观点的学者，主要从国内仲裁的现状和实务角度予以考虑。例如王亚新、陈福勇认为，由于国内仲裁现存的种种问题，不宜过早取消对国内仲裁裁决的双重监督模式，过早压缩司法审查的空间①；又如最高人民法院执行局法官黄文艺则认为，与国内仲裁裁决撤销程序相比，不予执行程序从公共利益保护和案外人救济的角度考虑亦有其独立的价值②。该派观点的具体理由可归纳如下。

第一，仲裁裁决不予执行制度虽然与仲裁裁决撤销制度在功能上存在一定重叠，但在启动方式、提起期限、管辖法院等方面均不同于仲裁撤销制度，作为在执行程序上对仲裁裁决的司法监督方式，有利于平衡仲裁的公正和效率价值，具有独立的价值。第二，仲裁裁决不予执行制度目前存在的问题，根源在于在立法方面尚存在不完善的地方，可以后续通过修订完善相关法律规定来解决，而不是直接废除整

① 参见王亚新、陈福勇:《〈民事诉讼法〉修改与不予执行仲裁裁决——以北京仲裁委员会为对象的实证分析》，载《法学杂志》2012年第5期，第111–119页。

② 参见黄文艺:《新〈民事诉讼法〉对不予执行仲裁裁决事由修改的理解和适用》，载《北京仲裁》2012年第3期，第106–122页。

个仲裁裁决不予执行制度[①]。第三，废除仲裁裁决不予执行制度、实行“单轨制”，一方面将会导致国内仲裁机构作出的仲裁裁决和境外仲裁机构作出的仲裁裁决在司法审查方式上的不统一；另一方面，从《示范法》的规定来看，实际上还是施行的“双轨制”，取消当事人在仲裁裁决司法审查程序中主动申请不予执行仲裁裁决的权利，也与《示范法》相悖。第四，我国目前各地负责受理和审查国内仲裁裁决撤销案件的法官审理此类案件所应具备的法律素养和审判经验不足，在此情况下废除仲裁裁决不予执行制度，剥夺了当事人申请不予执行的权利，减少了一道对一裁终审仲裁裁决的纠错程序。

2. 实施“单轨制”

持取消态度、认为应实施“单轨制”这一观点的学者，诸如陈旭玲、褚丽，则认为尽管 2012 年《民事诉讼法》统一了国内仲裁裁决撤销和不予执行的审查标准，但并不能阻却当事人同时采用申请撤销和不予执行两种救济手段的可能，仍然有可能导致当事人利用该等双重监督模式拖延仲裁结果的顺利实现，干扰仲裁高效、便捷的价值的实现[②]。该派观点的具体理由可归纳如下。

第一，对仲裁裁决的不予执行审查，实质是对仲裁裁决的合法性进行审查，该部分应属于审判权的运用，不应当在执行程序中进行。根据审执分离原则，对仲裁裁决的司法监督应当为“执行前监督”，即通过仲裁裁决撤销制度来处理仲裁裁决合法性的问题，并相应取消仲裁裁决不予执行制度。第二，仲裁裁决不予执行制度在目前的立法框架下与仲裁裁决撤销制度的功能重合，继续保留仲裁裁决不予执行制度，容易使得仲裁裁决的效力长期处于不确定的状态，违背了仲裁立

① 参见李芳敏:《我国不予执行仲裁裁决制度必要性分析》，载《法制博览》2017 年第 17 期，第 122–123 页。

② 参见陈旭玲、褚丽:《从 ADR 看我国仲裁裁决司法审查制度》，载《蚌埠学院学报》2014 年第 3 期，第 65–69 页。

法的一裁终局原则，有损仲裁对效率的追求，也增加了司法审查成本[①]。第三，当事人可以通过仲裁裁决撤销制度实现对仲裁裁决的纠错和权利救济，实行“单轨制”不会损害当事人权益，会积极引导当事人在仲裁裁决执行前善用仲裁裁决撤销制度赋予的权利进行救济，有效阻却当事人在仲裁裁决执行程序中的权利滥用，及时有效地保护当事人的合法权益，维护仲裁的权威及公信力。第四，实施“单轨制”符合《示范法》和《纽约公约》规定的有限司法干预原则。

（三）《仲裁法（修订）（征求意见稿）》框架下我国国内仲裁裁决司法审查制度的本质仍为“双轨制”

2021年7月30日，我国司法部发布《仲裁法（修订）（征求意见稿）》及其说明（以下简称《征求意见稿》），向社会公开征求意见。《征求意见稿》发布后，引起了社会的广泛讨论。其中，《征求意见稿》对我国现行仲裁裁决不予执行制度的重大调整是本次仲裁法修订中各方关注的焦点之一。

为进一步完善司法支持与监督仲裁制度、妥善处理申请撤销仲裁裁决和不予执行仲裁裁决两种司法监督方式存在内在冲突的问题，《征求意见稿》从以下两个角度对现有司法监督方式进行调整。

1.《征求意见稿》在“第五章 申请撤销裁决”部分对撤销仲裁裁决的审查事由进行整合和完善，并在撤销仲裁裁决程序中赋予当事人对撤销裁决的裁定进行复议的权利，将仲裁裁决纠错程序的第二道防线设置在撤销仲裁裁决程序中，使仲裁裁决撤销程序在功能和程序设置上更为系统和全面。

（1）统一了法院撤销国内和涉外仲裁裁决的规定；将撤销国内和

① 参见张卫平:《现行仲裁执行司法监督制度结构的反思与调整——兼论仲裁裁决不予执行制度》，载《现代法学》2020年第1期，第116-131页。

涉外仲裁裁决的规定情形整合，增加了对恶意串通、伪造证据等欺诈行为取得的、涉嫌虚假仲裁的撤销情形。

《征求意见稿》第 77 条规定："当事人提出证据证明裁决有下列情形之一的，可以向仲裁地的中级人民法院申请撤销裁决：（一）没有仲裁协议或者仲裁协议无效的；（二）裁决的事项不属于仲裁协议的范围或者超出本法规定的仲裁范围的；（三）被申请人没有得到指定仲裁员或者进行仲裁程序的通知，或者其他不属于被申请人负责的原因未能陈述意见的；（四）仲裁庭的组成或者仲裁的程序违反法定程序或者当事人约定，以致于严重损害当事人权利的；（五）裁决因恶意串通、伪造证据等欺诈行为取得的；（六）仲裁员在仲裁该案时有索贿受贿，徇私舞弊，枉法裁决行为的。人民法院经组成合议庭审查核实裁决有前款规定情形之一的，应当裁定撤销。当事人申请撤销的情形仅涉及部分裁决事项的，人民法院可以部分撤销。裁决事项不可分的，应当裁定撤销。人民法院认定该裁决违背社会公共利益的，应当裁定撤销。"

（2）参考司法实践中下级法院向上一级法院"报核"的做法，增加赋予当事人对撤销裁决裁定可以申请上一级法院复议的规定，提高了仲裁司法监督的透明度和当事人的参与度。

《征求意见稿》第 81 条规定："当事人对撤销裁决的裁定不服的，可以自收到裁定之日起十日内向上一级人民法院申请复议。人民法院应当在受理复议申请之日起一个月内作出裁定。"

2.《征求意见稿》在"第六章 执行"部分，取消现有不予执行仲裁裁决制度中仲裁当事人在执行程序阶段提出不予执行审查的规定，将执行阶段对仲裁裁决的纠错方式仅限于执行法院的主动审查，并将审查事由限制为"仲裁裁决是否符合社会公共利益"这一唯一事由，将对仲裁裁决的司法审查活动尽可能设置在执行前，避免审执分离和重复审查，同时统一了执行法院对国内和涉外案件的执行审查标准。

《征求意见稿》第82条规定："当事人应当履行裁决。一方当事人不履行的，对方当事人可以向有管辖权的中级人民法院申请执行。人民法院经审查认定执行该裁决不违背社会公共利益的，应当裁定确认执行；否则，裁定不予确认执行。裁定书应当送达当事人和仲裁机构。裁决被人民法院裁定不予确认执行的，当事人就该纠纷可以根据重新达成的仲裁协议申请仲裁，也可以向人民法院起诉。"

部分观点认为，本次《征求意见稿》是将国内原有的撤销和不予执行仲裁裁决的仲裁裁决司法审查"双轨制"修改为"单轨制"，笔者对此持不同观点。

现行仲裁裁决不予执行相关法律规定主要如下。

现行《仲裁法》第63条规定："被申请人提出证据证明裁决有民事诉讼法第二百三十七条第二款[①]规定的情形之一的，经人民法院组成合议庭审查核实，裁定不予执行。"

现行《民事诉讼法》第248条规定："对依法设立的仲裁机构的裁决，一方当事人不履行的，对方当事人可以向有管辖权的人民法院申请执行。受申请的人民法院应当执行。被申请人提出证据证明仲裁裁决有下列情形之一的，经人民法院组成合议庭审查核实，裁定不予执行：（一）当事人在合同中没有订有仲裁条款或者事后没有达成书面仲裁协议的；（二）裁决的事项不属于仲裁协议的范围或者仲裁机构无权仲裁的；（三）仲裁庭的组成或者仲裁的程序违反法定程序的；（四）裁决所根据的证据是伪造的；（五）对方当事人向仲裁机构隐瞒了足以影响公正裁决的证据的；（六）仲裁员在仲裁该案时有贪污受贿，徇私舞弊，枉法裁决行为的。人民法院认定执行该裁决违背社会公共利益的，裁定不予执行。裁定书应当送达双方当事人和仲裁机构。仲裁裁决被

① 根据2023年9月1日修正后的《民事诉讼法》，本条引用的"第237条第2款"，应为《民事诉讼法》（2023修正）的"第248条第2款"。

人民法院裁定不予执行的，当事人可以根据双方达成的书面仲裁协议重新申请仲裁，也可以向人民法院起诉。”

根据上述现行的法律规定，我国现行的仲裁裁决不予执行司法审查程序实际上是通过两种途径启动：一是仲裁当事人在仲裁裁决执行阶段主动申请人民法院进行不予执行仲裁裁决审查；二是人民法院在“认定执行该裁决违背社会公共利益的”的情况下，主动行使审查权。

本次《征求意见稿》，只是删除了上述现行法律规定中仲裁当事人在仲裁裁决执行阶段主动启动不予执行审查的途径，将仲裁当事人主动启动仲裁裁决纠错程序的权利统一归集至仲裁裁决撤销程序中，但仍然保留了人民法院依职权主动进行司法审查的途径，即《征求意见稿》第 82 条第 2 款规定：“人民法院经审查认定执行该裁决不违背社会公共利益的，应当裁定确认执行；否则，裁定不予确认执行。”可见，《征求意见稿》实质上仍然保留了在执行阶段对仲裁裁决合法性及效力进行司法监督的制度，只不过与现行制度相比，对仲裁裁决不予执行司法审查的途径和审查事由进行了最大程度的精简。

在此情况下，《征求意见稿》框架下的国内仲裁裁决司法审查制度仍然由仲裁裁决撤销制度和仲裁裁决不予执行制度两部分组成，仍然是“双轨制”。

（四）《征求意见稿》关于我国国内仲裁裁决司法审查制度相关规定的进步之处以及仍需商榷的问题

笔者对本次《征求意见稿》在仲裁裁决司法审查制度上的修改总体上持赞成意见，但同时认为《征求意见稿》中关于仲裁裁决不予执行审查部分的内容仍存在需要结合当下司法现状进一步商榷的问题。

本次《征求意见稿》关于国内仲裁裁决司法审查制度相关规定的进步之处主要体现在：第一，对仲裁裁决撤销制度和仲裁裁决不予执行制度中重复的功能进行整合，并在此基础上对仲裁裁决不予执行制度进行精简，有效节省了司法资源，也减少了当事人的诉累。第二，将对仲裁裁决的纠错程序和当事人在仲裁裁决被撤销的情况下二次救济的机会统一纳入仲裁裁决撤销制度中，有利于敦促当事人积极、及时、合理使用仲裁裁决撤销申请权和复议权，减少了当事人权利滥用的可能，提升了仲裁效率。第三，最大程度地降低了仲裁裁决撤销程序和仲裁裁决不予执行程序司法审查结果可能产生的差异和冲突，保障了仲裁的权威和公信力。

但由于本次《征求意见稿》并未彻底取消仲裁裁决不予执行制度，仍然保留了人民法院依职权的主动审查权，结合当下司法现状，仍然可能存在如下问题。

《征求意见稿》没有明确界定“社会公共利益”的内涵和外延，也没有就执行阶段执行法院主动对不予执行仲裁裁决进行司法审查的程序进行规定，在实际法律适用阶段可能缺乏统一的审判标准。

在这种情况下，如要保证该程序能够合理地运行、发挥其积极作用，就要求法官对于仲裁制度及相关具体法律规定和仲裁规则有着清晰的了解，在受理和审判中能够准确运用相关法律知识和理念。如果法官缺乏与仲裁相关的法律训练，在对仲裁裁决进行司法审查方面所应具备的法律素养和审判经验不足，有可能导致在执行法律规定方面、辨析仲裁裁决是否违背社会公共利益和裁判方法适用方面以及就审查结果撰写相关裁定文书方面存在种种问题[①]，并有可能会出现法官具有较大的自由裁量权、超出适度范围过分干预仲裁的情况，不利于仲裁的良性发展和维护司法审查的权威性。

① 参见宋连斌、颜杰雄:《申请撤销仲裁裁决：现状·问题·建言》，载《法学评论》2013 年第 6 期，第 107–108 页。

（五）小结

笔者认为，我国国内仲裁裁决司法审查制度在实施“单轨制”还是“双轨制”方面，应当在参考国际立法的同时，兼顾国内仲裁发展的实际情况。对我国国内仲裁裁决的执行审查部分，因仲裁裁决撤销程序中也有涉及法院主动审查仲裁裁决是否存在违背社会公共利益的环节，可以考虑实施“单轨制”，将全部司法审查职能都纳入仲裁裁决撤销审查制度中，在执行阶段不再对仲裁裁决本身的合法性设置司法监督，彻底做到审执分离，降低司法审查成本，提高仲裁效率；对外国仲裁裁决的执行审查部分，在承认和执行仲裁裁决相关规定的部分，参考《示范法》，保留法院依职权审查仲裁裁决是否存在违背社会公共利益的环节。

第四章　对涉外仲裁的司法审查

一、外国仲裁裁决的承认与执行

（作者：薛源）

本节讨论的是外国仲裁裁决在我国内地的承认和执行，以及我国内地仲裁裁决在外国的承认和执行。

（一）外国仲裁裁决在中国内地的承认和执行

1. 我国内地承认和执行外国仲裁裁决的法律依据

我国《民事诉讼法》规定，在中华人民共和国领域外作出的发生法律效力的仲裁裁决，需要人民法院承认和执行的，当事人可以直接向被执行人住所地或者其财产所在地的中级人民法院申请。被执行人住所地或者其财产不在中华人民共和国领域内的，当事人可以向申请人住所地或者与裁决的纠纷有适当联系的地点的中级人民法院申请。人民法院应当依照中华人民共和国缔结或者参加的国际条约，或者按照互惠原则办理。就承认和执行外国仲裁裁决的请求，我国有管辖权的法院为被执行人住所地或者其财产所在地的中级人民法院。我国作为《纽约公约》的缔约国，如该外国系《纽约公约》缔约国，则法院按照《纽约公约》规定对外国仲裁裁决予以审查，如不存在《纽约公约》规定的不予承认和执行外国仲裁裁决的理由，则予以承认，如有需执行内容再予以执行。如该外国非《纽约公约》缔约国，则要看我国与该外国之间是否缔结承认和执行外国仲裁裁决的多边或双边条约，如没有条约依据，则按照互惠原则办理。根据最高人民法院的统计，目前我国尚未收到承认和执行非《纽约公约》缔约国仲裁裁决的请求。

我国于1986年12月2日加入《纽约公约》，该公约于1987年4月22日对我国生效。我国加入该公约时作了互惠保留和商事保留。最高人民法院于1987年4月10日发布的《最高人民法院关于执行我国加入的〈承认及执行外国仲裁裁决公约〉的通知》规定，根据《纽约公约》第4条的规定，申请我国法院承认和执行在另一缔约国领土内作出的仲裁裁决，由仲裁裁决的一方当事人提出，对于当事人的申请应由我国下列地点的中级人民法院受理：被执行人为自然人的，为其户籍所在地或者居所地；被执行人为法人的，为其主要办事机构所在地；被执行人在我国无住所、居所或者主要办事机构，但有财产在我国境内的，为其财产所在地。我国有管辖权的人民法院接到一方当事人的申请后，应对申请承认及执行的仲裁裁决进行审查，如认为不具有《纽约公约》第5条第1、2两款所列的情形，应当裁定承认其效力，并且依照《民事诉讼法》规定的程序执行；如认定具有第5条第2项所列的情形之一，或根据被执行人提供的证据证明具有第5条第1项所列的情形之一，应当裁定驳回申请，拒绝承认及执行。

《最高人民法院关于仲裁司法审查案件报核问题的有关规定》设定的报核机制要求，就申请承认和执行外国仲裁裁决案件，各中级人民法院或者专门人民法院经审查拟不予承认和执行外国仲裁裁决，应当向本辖区所属高级人民法院报核；高级人民法院经审查拟同意，应当向最高人民法院报核。待最高人民法院审核后，方可依最高人民法院的审核意见作出裁定。

2.《纽约公约》下不予承认和执行外国仲裁裁决的理由

根据《纽约公约》，不予承认和执行外国仲裁裁决的理由包括两类，第一类是当事人需提供证据证明的，第二类是法院需主动查明的。第一类理由包括：根据适用的法律仲裁协议当事人有某种无行为能力情形，或根据各方当事人约定的法律或在未指明何种法律的情况下根据裁决地所在国法律，该协议无效；未向仲裁裁决所针对的当事人发出指定仲裁员或仲裁程序的适当通知，或因他故致该当事人未能陈述案情；裁决处理的争议不是提交仲裁意图裁定的事项或不在提交仲裁的范围之列，或者裁决书中内含对提交仲裁的范围以外事项的决定，如对提交仲裁的事项所作的决定可与对未提交仲裁的事项所作的决定分开，内含对提交仲裁事项所作决定的那部分裁决得以承认和执行；仲裁庭的组成或仲裁程序与当事人的约定不符，若无此种约定，与仲裁地法律不符；裁决对当事人尚无约束力，或已由仲裁地或裁决依据法律所属地的法院撤销或中止。第二类理由包括：根据执行地的法律，争议事项不能通过仲裁解决；承认或执行该仲裁裁决与执行地的公共政策相抵触。

第一类理由的第一项：根据适用的法律仲裁协议当事人有某种无行为能力情形，或根据各方当事人约定的法律或在未指明何种法律的情况下根据裁决所在地法律，该协议无效。这项理由简单概括就是不存在有效的仲裁协议，而有效的仲裁协议是仲裁庭管辖案件的基础，没有有效的仲裁协议，仲裁庭对案件就没有管辖权。仲裁协议之所以无效，其原因是当事人根据其属人法没有缔结仲裁协议的能力，或是依据仲裁协议的准据法仲裁协议无效，仲裁协议的准据法由当事人选择，在当事人未选择的情况下，则为仲裁地法。

案例 1：IM 全球有限责任公司、天津北方电影集团有限公司仲裁程序案[①]

法院认为，《纽约公约》第 5 条第 1 款（甲）项前一部分所称“无行为能力”与国内法“无行为能力”意义不尽一致，而应理解为“缺乏契约能力”（lacking the power to contract），也包括行为人无权代表或

① 参见天津市第一中级人民法院民事裁定书，（2018）津 01 协外认 2 号。

代理公司签订仲裁协议。具体到本案中，应当审查“孙然”是否有权代表或代理北方电影集团签订涉案《交易备忘录》，审查应当“依对其适用之法律”进行。“依对其适用之法律”是指应当适用的准据法，因《纽约公约》中“无行为能力”不等同于国内法“无行为能力”，在本案中，根据本案的事实和当事人双方主张，应当依照《涉外民事关系法律适用法》第 14 条关于法人的民事权利能力、组织机构等事项或者第 16 条关于代理的相关规定确定相应准据法。

关于“孙然”是否可以代表北方电影集团的问题，《涉外民事关系法律适用法》第 14 条规定：“法人及其分支机构的民事权利能力、民事行为能力、组织机构、股东权利义务等事项，适用登记地法律。”“何人能代表公司”属于法人“民事权利能力、组织机构等事项”，应当依照《涉外民事关系法律适用法》第 14 条规定，适用登记地法律。北方电影集团登记地在中国境内，应当适用中国法判断。原《民法通则》第 38 条规定：“依照法律或者法人组织章程规定，代表法人行使职权的负责人，是法人的法定代表人”。《公司法》（2018 年修正，2023 年已修订）第 13 条规定：“公司法定代表人依照公司章程的规定，由董事长、执行董事或者经理担任，并依法登记。公司法定代表人变更，应当办理变更登记”。根据以上法律规定和北方电影集团的市场主体登记信息，“孙然”显然不能代表北方电影集团。

关于“孙然”是否可以代理北方电影集团的问题，《涉外民事关系法律适用法》第 16 条规定：“代理适用代理行为地法律，但被代理人与代理人的民事关系，适用代理关系发生地法律”。本案中，“孙然”是在法国签订的协议，其是否可以代理北方电影集团签订协议，应当适用代理关系发生地法律，即法国法律来判断。《法国民法典》对代理关系作出如下规定：“委托或代理是指一人授权另一人以委托人的名义，为委托人完成某种事务的行为”。“给予委托，得以经公证书或私署文书，甚至以信件为之；委托亦可口头授予，但是，仅在依照‘契约与合意之债的一般规则’编所定之规则时，始允许以证人证明之。”根据上述法律规定，IM 公司有义务提供公证书、私署文书、信件、证人证言等证据证明委托代理关系成立，但 IM 公司并未提供，因此无法认定“孙然”可以代理北方电影集团。以“Tianjin North Film Corporation”名义与 IM 公司签订合同的是“孙然”，真名为孙某庆。北方电影集团及孙某庆本人均陈述，孙某庆既非北方电影集团的高级管理人员，也非普通员工。本案无证据证明孙某庆系北方电影集团的员工，也无证据证明孙某庆是经北方电影集团授权委托后签订合同。

关于 IM 公司提出的表见代理的问题。《法国民法典》对表见代理作出如下规定：“无权代理或超越代理权而完成的行为不可对抗被代理人，除非相对人可合理信赖代理人的权利是真实的，特别是因被代理人的行为或表示。”根据该规定，主张表见代理成立的一方应举证证明其“可合理信赖代理人的权利是真实的，特别是因被代理人的行为或表示”。本案中，IM 公司主张其产生合理信赖的事由主要有“孙然”的名片及电影行业数据库“Cinando”，而这两者均无法认定为北方电影集团的“行为和表示”。在重大商业活动中，应审查签约主体的身份及授权文件，以名片来确认对方身份，显然不符合商事主体基本认知，无法构成法律规定的合理信赖。IM 公司主张其查询过电影行业数据库“Cinando”，但未能提供相关证据证明，也未能详细说明该数据库的相关信息。IM 公司亦未提供其他 IM 公司在与“孙然”签订合同前，查询、了解“孙然”与北方电影集团存在关联关系的证据。此外，IM 公司和北方电影集团无历史交易记录，故本案也无适用交易习惯的余地。综上，“孙然”无权代表或代理北方电影集团签订涉案仲裁协议，IM 公司和北方电影集团之间不存在有效的仲裁协议，涉案仲裁协议“之当事人依对其适用之法律有某种无行为能力”，IM 公司主张的

“合理信赖”无事实及法律依据。北方电影集团提出的涉案仲裁裁决符合《纽约公约》第5条第1款（甲）项规定情形的主张成立。

第一类理由的第二项：未向仲裁裁决所针对的当事人发出指定仲裁员或仲裁程序的适当通知，或因他故致该当事人未能陈述案情。这是指当事人的正当程序权利未得到保障，主要关注的是仲裁裁决项下的债务人，要求应确保仲裁裁决项下的债务人有充分陈述案情的机会。

另外，法院认为，涉案仲裁协议并非北方电影集团所签署，因此协议上所列联系方式并不能当然视为北方电影集团的联系方式，应当根据送达的实际情况判断北方电影集团是否“接获关于指派仲裁员或仲裁程序之适当通知”。关于仲裁文件的送达情况，仲裁裁决中表述，仲裁庭秘书于2017年1月5日将仲裁通知和仲裁规则通过挂号邮件（registeredmail）发送给北方电影集团，显示北方电影集团于2017年1月16日收到文件。IM公司提交了仲裁庭秘书发给IM公司代理人的邮件，仲裁庭秘书陈述，其通过传真、挂号包裹向“Tianjin North Film Corporation”送达了仲裁函件，挂号包裹无法追踪。仲裁裁决系通过电子邮件与挂号信的方式送达，挂号信纸质版裁决被退还。

仲裁裁决中关于送达的表述和仲裁庭秘书的事后表述不同，仲裁裁决表述北方电影集团于2017年1月16日收到文件，而仲裁庭秘书表述无法追踪包裹，因此是否送达无法确认。而北方电影集团主张其于2016年3月前已经搬离注册地址，但网站未更正住址。北方电影集团提供了注册地业主天津市凯德恒业投资集团有限公司及网络服务器托管服务单位天津龙驰神州网络科技有限公司出具的说明予以证明。在仲裁裁决中关于送达的表述和仲裁庭秘书的事后表述存在冲突的情况下，北方电影集团提供了较为充足的证据予以反驳，因此可以确认北方电影集团并未接获此种方式的送达。关于传真方式送达，根据IM

公司提供的证据显示，仲裁庭秘书向 011-86-22-2385-**** 发送传真两页，北方电影集团未否认该传真号码为其使用的号码，但传真的两页文件未包括《仲裁通知书》和《仲裁规则》，因此传真送达不能确认为“接获关于指派仲裁员或仲裁程序之适当通知”。仲裁庭未能成功有效地送达，因此北方电影集团未能出席仲裁进行申辩，构成《纽约公约》第 5 条第 1 款（乙）项规定的“或因他故，致未能申辩者”。

第一类理由的第三项：裁决处理的争议不是提交仲裁意图裁定的事项或不在提交仲裁的范围之列，或者裁决书内含对提交仲裁的范围以外事项的决定，如对提交仲裁的事项所作的决定可与对未提交仲裁的事项所作的决定分开，内含对提交仲裁事项所作决定的那部分裁决得以承认和执行。这项理由简单概括就是仲裁庭超裁，仲裁裁决超出了仲裁协议约定的提交仲裁事项范围，以及当事人提交仲裁事项的范围。如仲裁裁决超裁部分可以与属于仲裁事项范围的裁决分开，仅不予承认和执行超裁部分。

案例 2：特莱顿国际集装箱有限公司与洋浦经济开发区建设投资开发有限公司、海南泛洋航运有限公司申请承认和执行外国仲裁裁决案 ①

法院认为被申请人建投公司仅为案涉 HPO42 号协议的缔约方，而并非其他五份协议的缔约方，故 HPO42 号协议之外的其他五份协议中的仲裁条款对被申请人建投公司不具有约束力。仲裁庭仅应依据 HPO42 号协议中的仲裁条款，对涉及被申请人建投公司在该份协议项下的纠纷行使管辖权。涉案仲裁裁决被申请人建投公司就 HPO42 号协议之外的其他五份协议向申请人承担责任，超出了仲裁协议约定的范围，且超裁部分与有权裁决部分不可分，故根据《纽约公约》第 5 条第 1 款（丙）项的规定对于案涉仲裁裁决涉及被申请人建投公司部分的裁决，应当不予承认和执行。

① 参见中华人民共和国海口海事法院民事裁定书，（2015）琼海法他字第 1 号。

案例 3：Bright Morning Limited 申请宜兴乐祺纺织集团有限公司承认和执行外国仲裁裁决案 [①]

法院认为最终裁决第（2）项与第（4）项具有《纽约公约》第5条第1款（丙）项规定的情形，而不能被承认和执行。最终裁决第（2）项的内容为“受第（4）项的限制，斜纹布合资合同终止”，第（4）项是禁止BM公司主张其在斜纹布合资公司的股东权利，并在乐祺集团公司请求时转让其股权。法院认为：首先，股东权利是基于公司法律制度而产生的法定权利，并非约定权利。BM公司与乐祺集团公司约定提交仲裁解决的争议是与合资合同履行、违约、终止等相关的争议或由此引发的争议，即仲裁庭解决的争议仅限于合资双方围绕合资合同发生的争议，而非能将其管辖延伸至合资公司本身。其次，BM公司与乐祺集团公司在仲裁请求与反请求中均未提出有关BM公司在合资公司的股权问题，在仲裁过程中亦未有任何一方提及股权限制及转让。BM公司请求的是违约损害赔偿金和侵权损害赔偿金，乐祺集团公司反请求的是对方违约的损害赔偿金，双方的争议焦点均是对方是否违约及违约造成的法律后果。因此，仲裁庭为平衡双方利益，避免BM公司获取所谓“双倍赔偿”，主动干预BM公司在斜纹布合资公司的股东权利，既超出双方交付仲裁的争议范围，也超出了双方交付仲裁决定的事项范围。

第一类理由的第四项：仲裁庭的组成或仲裁程序与当事人的约定不符，若无此种约定，与仲裁地法律不符。这是指仲裁庭的组成或仲裁程序违反当事人约定，在当事人没有约定的情况下，违反仲裁地法律。

① 参见江苏省无锡市中级人民法院民事裁定书，（2016）苏02协外认1号。

案例 4：来宝资源国际私人有限公司申请承认与执行外国仲裁裁决案[①]

法院认为，案涉争议提交仲裁时适用的仲裁规则为新加坡国际仲裁中心（SIAC）2013 年第五版仲裁规则，该仲裁规则第 5.1 条规定："在仲裁庭完成组庭之前，存在下列情形之一时，一方当事人可以向主簿提出书面申请，请求依照本条所称'快速程序'进行仲裁：1. 由仲裁请求、反请求以及任何抵销辩护所构成的争议金额合计不超过五百万新加坡元；……"涉案仲裁案件标的额低于五百万新加坡元，且双方当事人并未在仲裁条款中排除"快速程序"的适用，故 SIAC 根据来宝公司的书面申请适用"快速程序"进行仲裁，符合仲裁规则的规定，不存在与当事人约定不符的情形。该仲裁规则第 5.2 条规定："当事人已依据本规则第 5.1 条向主簿申请快速程序时，主席考虑各方当事人观点后决定仲裁应当适用本条快速程序的，仲裁程序应当按照如下规定进行：…… b. 案件应当由独任仲裁员审理，但主席另有决定的除外；……"从上述规定看，该仲裁规则并未排除"快速程序"中适用其他的仲裁庭组成方式，也没有规定在当事人已约定适用其他的仲裁庭组成方式时，SIAC 主席仍然有权强制适用第 5.2 条 b 项关于独任仲裁的规定。当事人意思自治是仲裁制度运作的基石，而仲裁庭的组成方式属于仲裁基本程序规则，因此 SIAC 2013 年第五版仲裁规则第 5.2 条 b 项所规定的"主席另有决定的除外"不应解释为 SIAC 主席对仲裁庭的组成方式享有任意决定权；相反，在其行使决定权时应当充分尊重当事人关于仲裁庭组成方式的合意，保障当事人的意思自治。由于本案双方当事人已在仲裁条款中明确约定应由三名仲裁员组成仲裁庭，且未排除该组成方式在仲裁"快速程序"中的适用。因此，适用"快速程序"进行仲裁不影响当事人依据仲裁条款获得三名仲裁员组庭进

① 参见上海市第一中级人民法院民事裁定书，（2016）沪 01 协外认 1 号。

行仲裁的基本程序权利。SIAC 在仲裁条款约定仲裁庭由三名仲裁员组成且信泰公司明确反对独任仲裁的情况下，仍然依据仲裁规则之规定决定采取独任仲裁员的组成方式，违反了案涉仲裁条款的约定，属于《纽约公约》第 5 条第 1 款（丁）项所规定的“仲裁机关之组成或仲裁程序与各造间之协议不符”的情形。故涉案仲裁裁决不应当被承认与执行。

案例 5：丸万株式会社与北京德霖高尔夫体育发展有限公司申请承认和执行外国仲裁裁决案①

首先，关于仲裁庭组成与当事人约定不符问题，法院认为该案仲裁庭由三名仲裁员组成，符合该案仲裁规则关于仲裁庭组成人数的规定。其次，关于仲裁员的披露义务。被申请人认为该仲裁员担任董事的公司与申请人有关联关系且与申请人的仲裁代理人为多年好友，但该仲裁员未披露上述事实，违反了该案仲裁规则第 28 条规定。同时，被申请人依照《国际律师协会国际仲裁利益冲突指引》（2004 年 5 月 22 日通过）规定，认为该仲裁员故意隐瞒的情形均属于必须披露的情形。如前所述，关于仲裁员披露问题只需审查是否与该案仲裁规则相符，故《国际律师协会国际仲裁利益冲突指引》中有关仲裁员必须披露的规定并不适用于该案。该案仲裁规则第 28 条规定：“被选任为仲裁员的人，应及时向协会公开一切有可能导致对自己的公正性或者中立性产生疑问的全部事实，或提交表明无此类事实的文书……仲裁员在仲裁程序进行过程中，应以书面形式向当事人和协会公开有可能导致对自己的公正性或者中立性产生疑问的全部事实（已经公开的除外）。”该案中，申请人选定的仲裁员签署了中立性及独立性声明，表明该仲裁员不存在可能对中立性及独立性产生正当性怀疑的任何情形，符合上述仲裁规则规定。因此，被申请人以仲裁员人数实质不满三名、日

① 参见北京市第二中级人民法院民事裁定书，（2013）二中民特字第 12593 号。

本籍仲裁员故意不予披露其与申请人之间的关联关系及与申请人的仲裁代理人之间的关系、仲裁庭不公正不中立为由，认为仲裁庭组成违反了该案仲裁规则，缺乏规则依据，法院不予支持。

案例 6：ECOMAGROINDUSTRIALCORP.LTD.SWITZERLAND、青岛锦华东国际贸易有限公司申请承认与执行仲裁裁决案①

本案中，被申请人提出的未收到仲裁申请书和仲裁开庭时间、地点通知书，实际系对仲裁庭送达程序的异议。经查，仲裁庭已通过电子邮件的方式向被申请人送达了仲裁通知、仲裁申请、指派仲裁员通知及仲裁裁决。被申请人邮箱为 ××× @ 163.com，且被申请人自认其收到仲裁庭发送的邮件，虽然被申请人称其没有在该邮件附件中收到仲裁庭发来的仲裁申请书，但 2019 年 11 月 13 日仲裁庭通过电子邮件向 ××× @ 163.com 电子邮箱抄送的邮件显示，仲裁庭告知 ECOMAGROINDUSTRIALCORP.LTD.SWITZERLAND 已经任命其仲裁员，要求被申请人青岛锦华东国际贸易有限公司在 14 天内指定仲裁员，否则将被强制指定仲裁员。该邮件的附件同时发送了申请人申请中载明的合同编号为 315590006 号合同文本以及申请人的仲裁申请。仲裁庭向该电子邮箱的送达，符合仲裁规则，应视为送达。对于被申请人提出的未收到仲裁开庭时间、地点通知书的抗辩，经查，仲裁规则载明一方或双方当事人如要求口头庭审，须以书面方式向仲裁庭提出；仲裁庭可以同意或拒绝该请求，无须说明理由；其决定为终局决定，如请求获得同意，则仲裁庭主席须在询问其他仲裁员后决定庭审的日期、时间和地点，以及所采用的庭审程序。依据申请人提供的仲裁文件显示，双方均未提起过口头庭审申请，且在仲裁庭通知文件中亦可看出，仲裁庭将通过交换文件的形式由各方进行意见交换，审议争议事项并公布裁决，仲裁通知中明确规定各时间节点，未有口头庭

① 参见山东省青岛市中级人民法院民事裁定书，（2021）鲁 02 协外认 3 号。

审的安排及内容。故可以认定，本案仲裁未进行口头庭审，亦不需要通知被申请人开庭时间。而裁决书载明裁决地点位于英格兰利物浦，符合合同及仲裁规则的要求，故申请人的该抗辩主张本院不采纳。

第一类理由的第五项：裁决对当事人尚无约束力，或已由仲裁地或裁决依据法律所属地的法院撤销或中止。这主要是指仲裁裁决尚未生效或被仲裁地法院撤销。一般认为，如仲裁裁决被仲裁地法院撤销，就意味着丧失了执行依据，无从向执行地法院申请承认和执行。目前我国尚未出现以此为由不予承认和执行外国仲裁裁决的案件。

第二类理由的第一项：根据执行地的法律，争议事项不能通过仲裁解决。这项理由简单概括就是争议事项不具有可仲裁性，争议事项是否具有可仲裁性依据执行地法律判断。传统上通常认为不可仲裁的领域包括垄断和竞争法、证券法、反腐败法、知识产权法、贸易管制、破产法、劳动争议、消费者争议、自然资源等，现在这些领域也在逐渐缩小，越来越多以前认为不具有可仲裁性的事项纳入仲裁范围。例如，就垄断和竞争法领域，不具有可仲裁性的事项主要是行政机构具有排他管辖权的事项，如给予反垄断法上的豁免、批准合并等交易，违反竞争法的民事责任一般都认为可提交国际商事仲裁。就知识产权领域，知识产权的登记或否定其效力属于公权力机构的管辖范围，而具体案件中特定知识产权的有效性和存在与否是可仲裁的。就消费者争议领域，欧盟《关于消费者合同中不公平条款的指令》规定在消费者合同中预先约定将争议提交仲裁的条款无效，以保护消费者的诉权。我国《仲裁法》规定了不可仲裁的事项包括婚姻、收养、监护、扶养、继承纠纷、应由行政机关处理的行政争议。

第二类理由的第二项：承认或执行该仲裁裁决与执行地的公共政策相抵触。违背社会公共利益弹性较大，法院严格把控，不会轻易以违背社会公共利益为由不予承认和执行仲裁裁决。目前以违背社会公共利益为由不予承认和执行仲裁裁决，主要涉及侵犯了我国的司法主权和我国法院的司法管辖权。

案例7：申请人Hemofarm DD、MAG国际贸易公司、苏拉么媒体有限公司与被申请人济南永宁制药股份有限公司申请承认及执行国际商会仲裁院第13464/MS/JB/JEM号仲裁裁决案

最高人民法院认为在有关法院就济南永宁制药股份有限公司与合资公司济南—海慕法姆制药有限公司之间的租赁合同纠纷裁定对合资公司的财产进行保全并作出判决的情况下，国际商会仲裁院再对济南永宁制药股份有限公司与合资公司济南—海慕法姆制药有限公司之间的租赁合同纠纷进行审理并裁决，侵犯了中国的司法主权和中国法院的司法管辖权，构成《纽约公约》第5条第2款（乙）项规定之事由，即承认或执行该仲裁裁决与执行地的公共政策相抵触。[①]

（二）中国内地仲裁裁决在外国的承认和执行

我国是《纽约公约》缔约国，我国内地仲裁裁决依据《纽约公约》可以在其他缔约国得到承认和执行。在非《纽约公约》缔约国，则要看我国与该国是否有相互承认和执行仲裁裁决的司法协助条约，如也不存在这样的司法协助条约，我国内地仲裁裁决的承认与执行则需要根据互惠原则进行。互惠包括法律互惠、事实互惠和推定互惠。法律互惠包括以下情形：根据两国的法律，两国的仲裁裁决可以得到对方国家法院的承认和执行；两国达成了互惠的谅解或者共识。事实互惠是要求两国间存在承认和执行对方仲裁裁决的判决先例。推定互惠是要求两国间不存在不承认和执行对方仲裁裁决的判决先例。

根据霍伟《关于中国内地仲裁裁决境外执行情况的观察与思考》，

①《最高人民法院关于不予承认和执行国际商会仲裁院仲裁裁决的请示的复函》（[2008]民四他字第11号）。

2000年至2019年中国内地仲裁裁决在美国承认和执行的情况如下："在21件涉及中国仲裁裁决承认与执行的案件里，美国法院一共承认和执行了15件裁决，整体承认率约占71.4%。其中，贸仲作出的裁决占据着绝大多数，有12件裁决被予以承认和执行。其他仲裁机构还包括中国海事仲裁委（2件被承认和执行）、重庆仲裁委（1件被承认和执行）和青岛仲裁委（1件被拒绝）。经分析，美国法院拒绝承认与执行中国内地仲裁裁决的理由主要涉及仲裁协议效力认定不当，仲裁首次通知不当，仲裁程序不当等问题。"

二、我国内地与港澳台之间认可与执行仲裁裁决的司法审查制度研究

（作者：顾春香）

众所周知，获得胜诉仲裁裁决并不意味着当事人可以高枕无忧，若仲裁裁决无法获得实际执行，便如同一纸空文，因此仲裁裁决的执行，尤其是跨区域的仲裁裁决的执行尤为重要。我国因历史原因以及实行一国两制政策，内地、香港、澳门、台湾虽属于中国，却是四个不同法域，也就是说，内地仲裁裁决若在香港、澳门、台湾执行，需经香港、澳门、台湾法院对裁决进行司法审查从而裁定是否认可和执行。同样，香港、澳门、台湾的仲裁裁决若在内地执行，也需经内地法院对裁决进行司法审查从而裁定是否认可和执行。因此，有必要研究内地与香港、澳门、台湾之间认可与执行仲裁裁决的司法审查的制度及现状，以促进仲裁裁决在各法域之间的便利执行，促进我国仲裁事业的蓬勃发展。

（一）内地与香港认可与执行仲裁裁决的司法审查

1. 内地与香港认可与执行仲裁裁决的司法审查的法律适用

内地与香港认可与执行仲裁裁决的司法审查的法律适用，根据签署及立法主体的不同，可分为以下三类。

第一类，双边安排，即内地与香港协商达成一致意见签署的，2000年施行的《最高人民法院关于内地与香港特别行政区相互执行仲裁裁决的安排》（以下简称《内地与香港安排》，已被修改），以及2020年的《最高人民法院关于内地与香港特别行政区相互执行仲裁裁决的补充安排》（以下简称《内地与香港补充安排》）。

第二类，内地的单边立法，主要是《最高人民法院关于香港仲裁裁决在内地执行的有关问题的通知》《仲裁法》《民事诉讼法》及相关司法解释。

第三类，香港的单边立法，主要是香港《仲裁条例》①。

以上三类法律共同组成了内地与香港之间互相认可与执行仲裁裁决的法律适用框架，尤其是《内地与香港安排》《内地与香港补充安排》妥善解决了香港回归后与内地认可与执行仲裁裁决的法律真空问题，使得两地之间互相认可与执行仲裁裁决终于有了明确的法律依据。

2. 内地与香港认可与执行仲裁裁决的司法审查实践

我国《仲裁法》第58条规定了仲裁裁决的撤销，根据该条规定所载明的撤销仲裁裁决的具体情形，可知内地法院对内地仲裁裁决的司法审查既包括程序审查也包括实体审查。与此不同，内地与香港之间认可与执行仲裁裁决的司法审查则侧重在程序审查，并不涉及实体审查，具体规定在《内地与香港安排》的第7条。同时，《内地与香港安排》及

① 最新香港《仲裁条例》修订于2021年。

《内地与香港补充安排》也对内地与香港申请认可与执行仲裁裁决的程序进行了一般性规定。以下，笔者将从内地与香港申请认可与执行仲裁裁决的程序，以及具体不予认可和执行仲裁裁决的情形进行介绍。

（1）内地与香港申请认可与执行仲裁裁决的程序对比

《内地与香港安排》对申请执行内地或香港仲裁裁决的程序进行了相应规定，为方便理解与运用，笔者将内地与香港申请执行了的程序进行了总结对比（见表 4–1）。

表 4–1 内地与香港申请执行仲裁裁决的程序对比

<table>
<tr><th>要素</th><th>向内地申请执行香港仲裁裁决</th><th>向香港申请执行内地仲裁裁决</th></tr>
<tr><td>仲裁裁决范围</td><td>按香港《仲裁条例》作出的仲裁裁决[①]</td><td>按《仲裁法》作出的仲裁裁决</td></tr>
<tr><td rowspan="2">管辖法院</td><td>被申请人住所地或者财产所在地的中级人民法院</td><td>被申请人住所地或者财产所在地的香港高等法院[②]</td></tr>
<tr><td colspan="2">被申请人在内地和香港均有住所地或者可供执行财产的，申请人可以分别向内地与香港法院申请执行。应对方法院要求，内地与香港法院应当相互提供本方执行仲裁裁决的情况。两地法院执行财产的总额，不得超过裁决确定的数额</td></tr>
<tr><td>申请期限</td><td>自仲裁裁决规定的履行期限届满之日起 2 年内；未规定履行期间的，从裁决书生效之日起 2 年内。适用法律有关诉讼时效中止、中断的规定</td><td>自仲裁裁决确定的履行期限届满之日起开始计算 6 年的申请执行期限[③]。该 6 年申请执行期限不适用中止、中断[④]</td></tr>
</table>

① 根据《最高人民法院关于香港仲裁裁决在内地执行的有关问题的通知》，包括在香港作出的临时仲裁裁决、国际商会仲裁院等国外仲裁机构在香港作出的仲裁裁决。

② 香港高等法院由原讼法庭和上诉法庭组成。

③ 见香港《时效条例》第 4（1）（C）条的规定。

④ 参见《内地与香港特别行政区发布相互执行仲裁裁决的典型案例》，香港法院在 CASE No.1：CLV. SCG 案中的分析。

续表 4-1

要素	向内地申请执行香港仲裁裁决	向香港申请执行内地仲裁裁决
申请所需材料	（1）执行申请书； （2）仲裁裁决书； （3）仲裁协议。 执行申请书应当以中文文本提出，裁决书或者仲裁协议没有中文文本的，申请人应当提交正式证明的中文译本	（1）执行申请书； （2）仲裁裁决书； （3）仲裁协议。 如果裁决或仲裁协议并非由中文或英文作出，则需提供相应的中文或英文译本

在内地，香港仲裁裁决除了向被申请人住所地或者财产所在地的中级人民法院申请强制执行外，在一定条件下还可以直接向国际商事法庭申请强制执行。根据最高人民法院 2022 年 6 月 22 日的决定，香港国际仲裁中心（以下简称港仲）作为首家境外仲裁机构加入了国际商事法庭"一站式"国际商事纠纷多元化解决平台（以下简称一站式平台），这意味着标的额为人民币 3 亿元以上或其他有重大影响的港仲案件的当事人可直接向国际商事法庭申请执行仲裁裁决，这一举措必将提高仲裁效率、透明度和结果的可预测性。

在香港，实现内地仲裁裁决在香港的执行同样存在两种方式。根据香港《仲裁条例》第 92 条的规定，内地仲裁裁决可以通过以下两种方式实现在香港执行：一是向香港高等法院的原讼法庭提起普通法诉讼；二是按照香港《仲裁条例》第 84 条的方式在香港强制执行，即向原讼法庭提出申请，获取原讼法庭的许可，登录后，则获得等同于香港原讼法庭判决的效力，从而进入执行程序，强制执行。第一种方式，本质上属于违约之诉，因被申请人不执行内地裁决，申请人向原讼法庭提起诉讼，请求法庭判决被申请人执行仲裁裁决。第二种方式，本质上则是将内地仲裁裁决转化成香港原讼法庭的判决，从而进入强制执行程序。实践中，大多数是通过第二种方式申请执行，因此本文提到的向香港法院申请执行内地仲裁裁决指的是第二种申请执行方式。

当然,《内地与香港安排》中对申请执行仲裁裁决的程序规定仅是一般性规定，在实际申请过程中，需要遵照内地与香港法院的具体要求进行。

（2）内地与香港不予认可与执行仲裁裁决的具体情形

《内地与香港安排》第7条规定了对内地仲裁裁决、香港仲裁裁决进行司法审查，法院裁定不予执行的具体情形，具体可划分为以下几类（见表4–2）。

表4–2　内地与香港不予执行仲裁裁决的具体情形

内地法院审查内容	不予执行裁决的具体情形
仲裁协议	（1）仲裁协议当事人依对其适用的法律属于某种无行为能力的情形； （2）仲裁协议依约定的准据法无效； （3）未指明以何种法律为准时，依仲裁裁决地的法律无效
仲裁范围	（1）裁决所处理的争议不是交付仲裁的标的或者不在仲裁协议条款之内，或者裁决载有关于交付仲裁范围以外事项的决定的。交付仲裁事项的决定可与未交付仲裁的事项划分时，裁决中关于交付仲裁事项的决定部分应当予以执行； （2）有关法院认定依执行地法律，争议事项不能以仲裁解决的，则可不予执行该裁决
仲裁程序	（1）被申请人未接到指派仲裁员的适当通知，或者因他故未能陈述意见的； （2）仲裁庭的组成或者仲裁庭程序与当事人之间的协议不符，或者在有关当事人没有这种协议时与仲裁地的法律不符的
裁决效力	裁决对当事人尚无约束力，或者业经仲裁地的法院或者按仲裁地的法律撤销或者停止执行的
社会公共利益 / 公共政策	内地法院认定在内地执行该仲裁裁决违反内地社会公共利益，或者香港法院决定在香港执行该仲裁裁决违反香港的公共政策，则可不予执行该裁决

根据表 4–2 可知，内地法院或香港法院在审查另一地仲裁裁决，决定是否认可和执行时，主要是从仲裁协议、仲裁范围、仲裁程序、仲裁裁决效力以及社会公共利益或公共政策方面进行审查，主要为程序审查，不同于内地法院对内地仲裁裁决还会进行实体审查。

另外，需注意的是，内地法院若认为执行香港仲裁裁决将违反内地社会公共利益，则可以裁定不予执行。那么，何谓内地的社会公共利益？根据最高人民法院〔2012〕民四他字第 12 号复函意见，只有对外国仲裁裁决的承认和执行会违反我国《宪法》基本精神，违反我国法律基本原则、损害国家主权和国家安全、违背我国缔结或参加的国际条约所承担的义务，或违反国际法上公认的公平正义原则，才可援引社会公共利益拒绝承认和执行。香港仲裁裁决虽不属于外国仲裁裁决，但可以从拒绝承认与执行外国仲裁裁决时适用“社会公共利益”的审查标准来判断社会公共利益的内涵和外延，从而判断香港仲裁裁决的执行是否会违反内地社会公共利益。

3. 内地与香港认可与执行仲裁裁决的司法审查现状

（1）内地与香港认可与执行仲裁裁决的司法审查总体情况

① 内地对香港仲裁裁决认可与执行的总体情况

根据《最高人民法院公报》所披露的数据统计，2021 年内地法院收到执行香港仲裁裁决申请案件共 480 件，其中 441 件已结案，结案率高达 92%。并且，在已结案的 441 件执行申请案件中，仅有 2 件不予执行，6 件驳回执行申请[①]，上述数据表明了向内地法院申请强制执行香港仲裁裁决的数量之多，以及内地法院对执行香港仲裁裁决的整体支持态度。另外，内地建立了对港澳台仲裁裁决司法审查的报核制度，即对香港仲裁裁决，若内地法院不予认可与执行，应向辖区所属

① 《最高人民法院公报》，http://gongbao.court.gov.cn/ArticleList.html?serial_no=sftj，最后访问时间：2022 年 6 月 19 日。

高级人民法院报核；高级人民法院经审查拟同意不予认可与执行的，应向最高人民法院报核；待最高人民法院审核后，方可依最高人民法院的审核意见作出裁定[①]，体现了内地法院对不予认可与执行香港仲裁裁决的审慎态度。加之，香港仲裁裁决的当事人在一定条件下可以直接向内地国际商事法庭申请执行仲裁裁决，便利了仲裁裁决的执行，可预见之后必将有更多的香港仲裁裁决向内地法院申请执行的案件。

② 香港对内地仲裁裁决认可与执行的总体情况

2021 年，香港法院收到内地仲裁裁决的强制执行申请案件共 23 件，裁定执行内地仲裁裁决 22 件，其中北京仲裁委员会 3 件，中国国际经济贸易仲裁委员会（北京）3 件，中国国际经济贸易仲裁委员会（上海）2 件，广州仲裁委员会 1 件，深圳国际仲裁院 12 件，上海仲裁委员会 1 件[②]，体现了香港一贯支持仲裁的精神。值得注意的是，未获得强制执行的是一份深圳国际仲裁院作出的仲裁裁决，香港高等法院已许可并作出强制执行令，但最终又撤销了强制执行令，表明内地仲裁裁决获得香港法院的强制执行令并不代表最终可以获得强制执行，该强制执行令仍存在被撤销的可能。根据香港《仲裁条例》，香港法院作出强制执行令后，应将强制执行令送给债务人（被执行人），债务人在 14 天内可以申请撤销强制执行令，在该 14 天内或法庭规定的另一期限内或该撤销申请获得最终处置之前，不得强制执行该裁决，执行实际属于冻结状态[③]。允许撤销强制执行令，本质上是对法院执行或不予执行裁定的再审查和对可能裁定错误的救济，这与我国内地规定不同，内地法院作出的执行或不予执行香港仲裁裁决的裁定一经送达即

① 《最高人民法院关于仲裁司法审查案件报核问题的有关规定（2021 修正）》第 2 条规定。

② 数据来源于 Enforcement of Awards in Hong Kong（2021）| HKIAC，最后访问时间：2022 年 6 月 29 日。

③ 香港《高等法院规则》第 73 号命令第 10 条规则。

生效，不存在还可以申请撤销的法律规定。

通过上述内地与香港互相认可与执行仲裁裁决的数据分析，两地不予认可与执行仲裁裁决的数量较少，可以看出总体上两地还是尊重另一地的仲裁裁决，秉持着谨慎否定的司法审查态度。

（2）内地与香港申请认可与执行仲裁裁决的注意点及建议

① 内地与香港申请执行仲裁裁决的期限规定不一致

根据表 4–1 所述，向内地法院申请执行香港仲裁裁决的期限是 2 年，向香港法院申请执行内地仲裁裁决的期限是 6 年，申请执行期限存在巨大差异。另外，2020 年《内地与香港补充安排》第 3 条又规定："被申请人在内地和香港特区均有住所地或者可供执行财产的，申请人可以分别向两地法院申请执行。"申请人可以分别向两地申请执行，而两地关于申请执行的期限规定又不一致，在实际申请执行过程中便会产生冲突。若申请人先向香港法院申请执行，未获得许可，转而向内地法院申请执行时，可能面临超过 2 年申请执行期限而被裁定驳回申请的风险，这对申请人是不公平的。在目前安排的情况下，稳妥的方式可能是申请人同时向两地法院申请执行，但这必然会增加申请人的执行成本。因此，为了便利当事人申请执行仲裁裁决，提高仲裁裁决执行效率，建议以补充安排的形式，就两地之间仲裁裁决申请执行期限的问题作出特别规定，考虑延长向内地申请执行香港仲裁裁决的期限。

② 注意申请强制执行与申请撤销并存时冲突解决

《内地与香港安排》及现行《内地与香港补充安排》并未规定一方当事人申请执行仲裁裁决，另一方当事人申请撤销仲裁裁决的冲突如何解决，但该问题在实践中又确实存在，是否要因撤销仲裁裁决程序正在进行而中止强制执行程序呢？对此，《内地与香港安排》并未明确规定。2008 年施行的《最高人民法院关于内地与澳门特别行政区相互认可和执行仲裁裁决的安排》（以下简称《内地与澳门安排》）第 9 条对该问题作出了规定[①]。虽然在法律层面，内地与澳门之间的安排无法直接适用于内地与香港之间，但在司法实践层面，若一方当事人向内地申请执行裁决，另一方当事人向香港申请撤销裁决，内地法院一般虽不会作出书面的中止执行审查的裁定，但事实上会中止程序以等待香港法院的结果。但该等待并非无期限，若香港法院迟迟未作出相关裁定，内地法院也会考虑继续进行执行程序的相关审查。香港《仲裁条例》中也未规定一方当事人向香港法院申请执行，另一方当事人向内地法院申请撤销裁决时如何解决。根据香港法院审理的一起强制执行内地仲裁裁决案的最新进展，香港法院最后综合各种情况，考虑被申请人向香港法院提供担保等情形后，就执行程序作出了延期 3 个月的决定。

由此可见，虽然内地与香港之间并未明确规定一方当事人申请执行仲裁裁决，另一方当事人申请撤销仲裁裁决是否应中止执行程序，但在司法实践中两地法院依然会综合考虑案件情况作出延期或终止执行的安排，区别在于内地法院一般不会作出书面的中止裁定，香港法院则可能出具书面延期决定。笔者认为，既然内地与香港对该问题已有相应的实践操作，待时机成熟时，建议以补充安排的形式将实践转化为法律规定，使之规范化，为今后中止执行或延期执行提供明确的法律依据。

（二）内地与澳门认可与执行仲裁裁决的司法审查

1. 内地与澳门认可与执行仲裁裁决的司法审查的法律适用

内地与澳门之间认可与执行仲裁裁决的司法审查的法律适用，根

①《内地与澳门安排》第 9 条规定："一方当事人向一地法院申请执行仲裁裁决，另一方当事人向另一地法院申请撤销该仲裁裁决，被执行人申请中止执行且提供充分担保的，执行法院应当中止执行。"

据签署及立法主体的不同，同样也可分为以下三类。

第一类，双边安排，即内地与澳门于2007年签署，2008年正式施行的《内地与澳门安排》，这是继2000年《内地与香港安排》之后，内地与澳门之间又一司法协助的成果。

第二类，内地的单边立法，主要为《仲裁法》《民事诉讼法》及相关司法解释。

第三类，澳门的单边立法，主要为《澳门仲裁法》。

以上三类法律共同组成了内地与澳门相互认可与执行仲裁裁决的法律适用框架，其中最为重要的是《内地与澳门安排》，弥补了内地与澳门之间相互认可与执行仲裁裁决的法律空白。澳门不同于香港，其仲裁制度本身并不发达，在《内地与澳门安排》出台之前，内地与澳门一般根据互惠原则，参照执行外国仲裁裁决的程序和条件进行相互认可与执行。具体而言，在内地，内地法院主要参照《民事诉讼法》中关于不予执行涉外仲裁裁决的情形裁定执行与否。在澳门，澳门法院则是参照《涉外商事仲裁专门制度》（第55/98/M号法令）中拒绝执行外国仲裁裁决的情形裁定执行与否。随着内地与澳门经济交往的日益频繁，以及仲裁裁决相互认可与执行的迫切需求，在《内地与香港安排》施行8年之后，2007年《内地与澳门安排》终于正式问世，解决两地间仲裁裁决的相互认可与执行。2019年《澳门仲裁法》也进行了相应修订（第19/2019号法律），《涉外商事仲裁专门制度》也相应被废止。

2. 内地与澳门认可与执行仲裁裁决的司法审查实践

与《内地与香港安排》一样，内地与澳门之间相互认可与执行仲裁裁决时的司法审查同样是程序审查，而非实体审查，主要体现在《内地与澳门安排》第7条。同时，《内地与澳门安排》在吸收了《内地与香港安排》成功经验的基础上，对《内地与香港安排》中待完善的相关问题，如执行中止、财产保全、管辖法院等作了相应的补充、完善。以下，笔者将从内地与澳门申请认可与执行仲裁裁决的程序以及具体不予认可和执行仲裁裁决的情形进行介绍。

（1）内地与澳门申请认可与执行仲裁裁决的程序对比

《内地与澳门安排》同样对申请执行内地或澳门仲裁裁决的申请程序进行了相应规定，为方便理解与运用，笔者将内地与澳门申请执行的程序进行总结对比（见表 4–3）。

表 4–3 内地与澳门申请执行仲裁裁决的程序对比

<table>
<tr><th>要素</th><th>向内地申请执行澳门仲裁裁决</th><th>向澳门申请执行内地仲裁裁决</th></tr>
<tr><td rowspan="2">仲裁裁决范围</td><td colspan="2">相较于《内地与香港安排》,《内地与澳门安排》规定的相互认可与执行的仲裁裁决范围反而设定了较多的条件，具体如下：</td></tr>
<tr><td>（1）澳门特别行政区仲裁机构及仲裁员；
（2）按照澳门特别行政区仲裁法；
（3）在澳门作出的民商事仲裁裁决</td><td>（1）内地仲裁机构；
（2）依据《仲裁法》；
（3）在内地作出的民商事仲裁裁决</td></tr>
<tr><td rowspan="3">管辖法院</td><td colspan="2">相较于《内地与香港安排》,《内地与澳门安排》扩大了管辖法院的范围，增加了经常居住地法院</td></tr>
<tr><td>被申请人住所地、经常居住地或者财产所在地的中级人民法院</td><td>被申请人住所地、经常居住地或者财产所在地的法院；
同时区分认可和执行的管辖法院，由中级法院负责受理认可仲裁裁决的申请，初级法院负责执行</td></tr>
<tr><td colspan="2">被申请人的住所地、经常居住地或者财产所在地分别在内地和澳门的，申请人可以向一地法院提出认可和执行申请，也可以分别向两地法院提出申请</td></tr>
<tr><td>申请期限</td><td>自仲裁裁决规定的履行期限届满之日起 2 年内；未规定履行期间的，从裁决书生效之日起 2 年内。适用法律有关诉讼时效中止、中断的规定</td><td>《澳门仲裁法》没有明确规定申请认可与执行仲裁裁决的期限。但根据《澳门民法典》第 302 条，可理解申请执行的期限为 15 年[①]</td></tr>
</table>

①《澳门民法典》第 302 条规定："时效之一般期间为十五年。"

续表 4-3

<table>
<tr><th>要素</th><th>向内地申请执行澳门仲裁裁决</th><th>向澳门申请执行内地仲裁裁决</th></tr>
<tr><td>申请所需材料</td><td colspan="2">需提交以下文件或经公证的副本：
（1）申请书；
（2）申请人身份证明；
（3）仲裁协议；
（4）仲裁裁决书或者仲裁调解书。
上述文件没有中文文本的，申请人应当提交经正式证明的中文译本</td></tr>
</table>

前文述及，《内地与香港安排》并未就一方当事人申请强制执行，另一方当事人申请撤销仲裁裁决之间的冲突如何处理作出规定，对此，《内地与澳门安排》弥补了这一空白，第 9 条明确规定被执行人申请中止执行且提供充分担保的，执行法院应当停止执行。该规定包含两层含义。第一，中止执行的申请只能由被执行人提出。第二，撤销仲裁裁决的程序启动后，被执行人提出中止执行申请并不必然导致执行程序的中止，被执行人需要提供充分的担保，法院才可能决定中止执行。另外，第 9 条还进一步规定撤销仲裁裁决的裁定同样需要经过另一地法院的认可，才能最终产生终结仲裁裁决执行的效力[①]。

同样，《内地与澳门安排》中对申请执行仲裁裁决的程序规定仅是一般性规定，在具体的操作层面，仍需符合内地、澳门各自法律中的具体规定以及司法实践。

（2）内地与澳门不予认可和执行仲裁裁决的具体情形

《内地与澳门安排》第 7 条规定了对内地或澳门仲裁裁决进行司法审查，法院裁定不予认可的具体情形，具体可划分为以下几类（见表 4-4）。

① 2007 年 10 月 30 日《高法负责人就签署〈关于内地与澳门特别行政区相互认可和执行仲裁裁决的安排〉答问》。

表 4-4 内地与澳门不予认可仲裁裁决的具体情形

内地法院审查内容	不予认可仲裁裁决的具体情形
仲裁协议	（1）仲裁协议一方当事人依对其适用的法律在订立仲裁协议时属于无行为能力的； （2）依当事人约定的准据法，或当事人没有约定适用的准据法而依仲裁地法律，该仲裁协议无效的
仲裁范围	（1）裁决所处理的争议不是提交仲裁的争议，或者不在仲裁协议范围之内；或者裁决载有超出当事人提交仲裁范围的事项的决定，但裁决中超出提交仲裁范围的事项的决定与提交仲裁事项的决定可以分开的，裁决中关于提交仲裁事项的决定部分可以予以认可； （2）有关法院认定，依执行地法律，争议事项不能以仲裁解决的，不予认可和执行该裁决
仲裁程序	（1）被申请人未接到选任仲裁员或者进行仲裁程序的适当通知，或者因他故未能陈述意见； （2）仲裁庭的组成或者仲裁程序违反了当事人的约定，或者在当事人没有约定时与仲裁地的法律不符的
裁决效力	裁决对当事人尚无约束力，或者业经仲裁地的法院撤销或者拒绝执行的
社会公共利益 / 公共秩序	内地法院认定在内地认可和执行该仲裁裁决违反内地法律的基本原则或者社会公共利益，澳门特别行政区法院认定在澳门特别行政区认可和执行该仲裁裁决违反澳门特别行政区法律的基本原则或者公共秩序，不予认可和执行该裁决

对比《内地与香港安排》第 7 条所规定的不予执行仲裁裁决的情形，《内地与澳门安排》第 7 条规定的不予认可仲裁裁决的情形几乎一致，同样是从仲裁协议、仲裁范围、仲裁程序、仲裁裁决效力以及社会公共利益或公共秩序几个方面进行程序审查，不进行实体审查。

值得一提的是，《内地与香港安排》中规定的是“内地法院认定在内地执行该仲裁裁决违反内地社会公共利益”可以不予执行仲裁裁决，

《内地与澳门安排》中规定的是“内地法院认定在内地认可和执行该仲裁裁决违反内地法律的基本原则或者社会公共利益”可以不予认可和执行仲裁裁决，增加了违反内地法律的基本原则作为不予认可和执行仲裁裁决的情形。

3. 内地与澳门认可与执行仲裁裁决的司法审查现状

（1）内地与澳门认可与执行仲裁裁决的司法审查的总体情况

① 内地对澳门仲裁裁决认可与执行的总体情况

在内地与澳门建立相互认可和执行仲裁裁决机制以前，内地法院没有认可和执行澳门仲裁裁决的案例。根据《最高人民法院公报》披露的内地法院执行澳门仲裁裁决的数据[①]，2017 年至 2021 年共收到经人民法院裁定认可的澳门仲裁裁决的执行申请案件 95 件，执行完毕案件 30 件，驳回申请案件 1 件。2017 年之前的数据，公报中并未予以披露。从披露的数据来看，澳门仲裁裁决先经过内地法院裁定认可后，再转入执行程序。

② 澳门对内地仲裁裁决认可与执行的总体情况

澳门特别行政区法院每年会公布司法年度公报[②]，在年度公报中的“中级法院案件统计表”部分披露了“澳门以外的法院或仲裁员作出的裁判的再审及确认”数据，至 2020 年，澳门中级法院受理了内地裁判的审查及确认请求案件共计 253 件，其中不予确认的案件为 1 件，初级法院受理的经中级法院确认的执行案件共 20 件。但由于公布的数据中并未对内地判决、内地裁决进行区分，因此，很难通过年报中的数据看出澳门法院认可与执行内地仲裁裁决的具体情况，但从现有数据

① 《最高人民法院公报》，http://gongbao.court.gov.cn/ArticleList.html?serial_no=sftj，最后访问时间：2022 年 6 月 20 日。

② 澳门特别行政区法院网站 | 司法年度年报（court.gov.mo），最后访问时间：2022 年 10 月 16 日。

可以看出澳门法院对内地仲裁裁决基本持支持、尊重态度。

总体上，相较于内地与香港之间相互认可与执行仲裁裁决的数量，内地与澳门之间相互认可与执行仲裁裁决的数量明显较少，考虑可能与澳门仲裁制度并不发达有关，相信随着澳门仲裁制度的发展，后续互相认可和执行仲裁裁决的数量也会相应增多。

（2）内地与澳门申请认可与执行仲裁裁决的注意点及建议

① 内地与澳门两地申请执行仲裁裁决的期限规定不一致

与内地与香港之间相互认可与执行仲裁裁决的问题相同，《内地与澳门安排》中也未解决两地申请执行仲裁裁决期限不一致的问题。向内地法院申请执行澳门仲裁裁决的期限是 2 年，向澳门法院申请执行内地仲裁裁决的期限是 15 年，申请执行期限的巨大差异必然导致实践操作的困难。对此，在内地与香港部分已经详细阐述，此处不再赘述。同样，为避免因申请执行期限不一致问题增加当事人执行仲裁裁决的风险和成本，提高仲裁裁决执行的效率，建议以补充安排的形式，就两地之间仲裁裁决申请执行期限的问题作出专门规定，考虑延长向内地申请执行澳门仲裁裁决的期限。

② 明确澳门临时仲裁裁决是否可以在内地执行

根据 2009 年施行的《最高人民法院关于香港仲裁裁决在内地执行的有关问题的通知》，香港的临时仲裁裁决可以在内地申请强制执行。《内地与澳门安排》中并未明确规定澳门的临时仲裁裁决是否可以在内地申请强制执行。但在《高法负责人就签署〈关于内地与澳门特别行政区相互认可和执行仲裁裁决的安排〉答问》中，高法负责人表示“根据澳门特区法律，澳门有临时仲裁制度，而且据了解在澳门特区做出的临时仲裁裁决多于机构仲裁裁决。目前内地现有的法律虽然没有关于临时仲裁的规定，但是，根据《纽约公约》，签署成员国之间相互承认和执行的仲裁裁决应当包括临时仲裁。中国作为成员国，能够承认成员国的临时仲裁裁决，对于一国之内的其他法律区域的临时仲裁裁决，当然要予以认可和执行”[①]，表明澳门的临时仲裁裁决属于向内地法院申请认可和执行的裁决范围，但为了更加明确建议在未来修订《内地与澳门安排》时进行补充规定。

（三）大陆与台湾认可与执行仲裁裁决的司法审查

1. 大陆与台湾认可与执行仲裁裁决的司法审查的法律适用

与香港、澳门不同，大陆与台湾之间并未达成如《内地与香港安排》《内地与澳门安排》一样的双边安排来规范仲裁裁决的认可与执行。因此，大陆仲裁裁决能否在台湾得到认可与执行，台湾仲裁裁决能否在大陆得到认可与执行，往往是法院根据各自法律规定进行审查判断。

在大陆，认可和执行台湾仲裁裁决的法律依据是2015年施行的《最高人民法院关于认可和执行台湾地区仲裁裁决的规定》（以下简称《认可台湾裁决规定》），该规定是人民法院执行台湾仲裁裁决的重要依据。

在台湾，认可和执行大陆仲裁裁决的主要依据是“台湾地区与大陆地区人民关系条例”（以下简称“两岸关系条例”），以及为配合“两岸关系条例”的施行而出台的“台湾地区与大陆地区人民关系条例施行细则”（以下简称“两岸关系条例施行细则”）。“两岸关系条例”第74条规定：“在大陆地区作成之民事确定裁判、民事仲裁判断，不违背

① 见2007年10月30日的《高法负责人就签署〈关于内地与澳门特别行政区相互认可和执行仲裁裁决的安排〉答问》。

台湾地区公共秩序或善良风俗者，得声请法院裁定认可。前项经法院裁定认可之裁判或判断，以给付为内容者，得为执行名义。前二项规定，以在台湾地区作成之民事确定裁判、民事仲裁判断，得声请大陆地区法院裁定认可或为执行名义者，始适用之。”

另外，台湾“海峡两岸共同打击犯罪及司法互助协议”（以下简称“司法互助协议”）也涉及认可及执行大陆仲裁裁决的情形。“司法互助协议”第 10 条规定：“双方同意基于互惠原则，于不违反公共秩序或善良风俗之情况下，相互认可及执行民事确定裁判与仲裁裁决（仲裁判断）。”

结合“两岸关系条例”第 74 条第 3 项规定以及“司法互助协议”第 10 条规定，可知台湾是以互惠原则为基础，对不违背台湾公共秩序或善良风俗的大陆仲裁裁决予以认可和执行。

2. 大陆与台湾认可与执行仲裁裁决的司法审查实践

（1）大陆与台湾申请认可与执行仲裁裁决的程序对比

结合大陆和台湾地区的相关规定，为方便理解与运用，笔者将两地申请执行的程序也进行了总结对比（见表 4–5）。

表 4–5　大陆与台湾申请执行仲裁裁决的程序对比

要素	向大陆申请执行台湾仲裁裁决	向台湾申请执行大陆仲裁裁决
依据	《认可台湾裁决规定》	“两岸关系条例”
仲裁裁决范围	台湾地区的仲裁裁决，具体指有关常设仲裁机构及临时仲裁庭在台湾地区按照台湾地区仲裁规定就有关民商事争议作出的仲裁裁决，包括仲裁判断、仲裁和解和仲裁调解	大陆地区的仲裁判断（仲裁裁决）

续表 4–5

要素	向大陆申请执行台湾仲裁裁决	向台湾申请执行大陆仲裁裁决
管辖法院	申请人住所地、经常居住地或者被申请人住所地、经常居住地、财产所在地的中级人民法院	“两岸关系条例”并未规定管辖法院。台湾所谓“仲裁法”第52条规定，法院关于仲裁事件之程序，除本法另有规定外，适用所谓非讼事件法，所谓非讼事件法未规定者，准用所谓民事诉讼法。而所谓非讼事件法并未规定，因此准用台湾的所谓民事诉讼法的规定，即原告就被告，由“基层法院”管辖
申请期限	自仲裁裁决规定的履行期限届满之日起2年内；未规定履行期间的，从裁决书生效之日起2年内。 适用法律有关诉讼时效中止、中断的规定	申请认可的时间并无限制
申请所需材料	提交以下文件或经公证的副本： （1）申请书； （2）仲裁协议； （3）仲裁判断书、仲裁和解书或者仲裁调解书。 注：申请人申请认可台湾地区仲裁裁决，应当提供相关证明文件，以证明该仲裁裁决的真实性	大陆仲裁裁决需要先经过财团法人海峡交流基金会的验证①，来确定仲裁裁决的真实性

另外，关于认可程序与执行程序的关系，《认可台湾裁决规定》首次将认可仲裁裁决与执行仲裁裁决程序明确区分规定。根据《认可台湾裁决规定》第3条，认可仲裁裁决、执行仲裁裁决是分别独立但又

① “台湾地区与大陆地区人民关系条例施行细则”第68条规定：“依本条例第七十四条规定声请法院裁定认可之民事确定裁判、民事仲裁判断，应经行政院设立或指定之机构或委托之民间团体验证。”

互相关联的两个程序。对于一份台湾的仲裁裁决，当事人可以：一是向人民法院申请认可台湾仲裁裁决，直接提交认可申请；二是向人民法院申请执行台湾仲裁裁决，但不能直接提交执行申请，而必须一并提交认可申请，否则人民法院将裁定驳回其申请。也即，台湾仲裁裁决若在大陆申请执行必须同时申请认可，认可台湾仲裁裁决是执行台湾仲裁裁决的前置、独立程序。

（2）大陆与台湾不予认可和执行仲裁裁决的具体情形

① 大陆不予认可和执行台湾仲裁裁决的情形

《认可台湾裁决规定》第14条规定了人民法院审查台湾仲裁裁决，人民法院不予认可仲裁裁决的情形，具体可划分为以下几类（见表4-6）。

表4-6　大陆与台湾不予认可仲裁裁决的具体情形

人民法院审查内容	不予认可裁决的具体情形
仲裁协议	（1）仲裁协议一方当事人依对其适用的法律在订立仲裁协议时属于无行为能力的； （2）依当事人约定的准据法，或当事人没有约定适用的准据法而依台湾地区仲裁规定，该仲裁协议无效的；或者当事人之间没有达成书面仲裁协议的，但申请认可台湾地区仲裁调解的除外
仲裁范围	（1）裁决所处理的争议不是提交仲裁的争议，或者不在仲裁协议范围之内； （2）或者裁决载有超出当事人提交仲裁范围的事项的决定，但裁决中超出提交仲裁范围的事项的决定与提交仲裁事项的决定可以分开的，裁决中关于提交仲裁事项的决定部分可以予以认可
仲裁程序	（1）被申请人未接到选任仲裁员或进行仲裁程序的适当通知，或者由于其他不可归责于被申请人的原因而未能陈述意见的； （2）仲裁庭的组成或者仲裁程序违反当事人的约定，或者在当事人没有约定时与台湾地区仲裁规定不符的

续表 4-6

人民法院审查内容	不予认可裁决的具体情形
裁决效力	裁决对当事人尚无约束力，或者经台湾地区法院撤销或者驳回执行申请的
基本原则 / 社会公共利益	依据国家法律，该争议事项不能以仲裁解决的，或者认可该仲裁裁决将违反一个中国原则等国家法律的基本原则或损害社会公共利益的，人民法院应当裁定不予认可

关于仲裁协议的司法审查，除了《内地与香港安排》《内地与澳门安排》中均规定的审查当事人签订仲裁协议的行为能力、仲裁协议的效力之外，《认可台湾裁决规定》还规定了对书面仲裁协议的审查，若书面仲裁协议不存在，也可裁定不予认可台湾仲裁裁决，但若是台湾的仲裁调解，则不受此限制。

另外，《认可台湾裁决规定》中就不予认可台湾仲裁裁决还规定了一特殊情形，即若认可台湾仲裁裁决将违反一个中国原则，裁定不予认可。该条可谓是为台湾仲裁裁决量身定制，不同于《内地与香港安排》《内地与澳门安排》中使用的“社会公共利益”“基本原则”或“公共秩序”等概括性表述，《认可台湾裁决规定》明确“一个中国原则”，将违反一个中国原则作为不予认可台湾仲裁裁决的情形之一，体现了国家主权至上的精神。

② 台湾不予认可和执行大陆仲裁裁决的情形

根据“两岸关系条例”第 74 条第 1 项“在大陆地区作成之民事确定裁判、民事仲裁判断，不违背台湾地区公共秩序或善良风俗者，得声请法院裁定认可”的规定，可知，台湾地区法院对大陆仲裁裁决的审查主要是审查大陆仲裁裁决是否违背台湾地区的公共秩序或善良风俗。何谓违背台湾地区的公共秩序或善良风俗？根据台湾地区“最高法院”69 年台上字第 2603 号判例，公共秩序和善良风俗指台湾地区的社会一般利益及道德观念。台湾地区“高等法院”2002年台上字第466号裁定认为，“以大陆法院所做之民事判决存有侵犯人权为由，裁定不予认可”。台湾地区司法事务主管部门的“大陆法制研究小组”在“大陆地区认可准则”中规定：“大陆法院的判决违反台湾地区专属管辖，以保障台湾地区人民之福祉，应不予认可。”[①] 由此可知，人权、台湾地区人民福祉均可被解释为公序良俗的内涵，公序良俗的解释空间很大。另外，台湾地区法院认为，应审查裁决内容是否违背台湾地区的公序良俗。这其实包含了对仲裁裁决的实体审查，也即台湾地区法院对大陆仲裁裁决进行程序和实体的双重审查，这实际上加重大陆仲裁裁决获得台湾地区法院认可的不确定性。

3. 大陆与台湾认可与执行仲裁裁决的司法审查现状

（1）大陆与台湾认可与执行仲裁裁决的司法审查的总体情况

① 大陆对台湾仲裁裁决认可与执行的总体情况

2004年第一例人民法院执行台湾地区仲裁裁决的案例[②]由厦门中院审查，认可台湾中华仲裁协会对和华（海外）置地有限有公司与凯歌（厦门）高尔夫球俱乐部有限公司之间债权债务纠纷作出的仲裁裁决，并根据申请人的申请裁定强制执行[③]。根据《最高人民法院公报》披露的执行台湾仲裁裁决的数据[④]，2017年至2021年，共收到经人民法院裁定认可的台湾仲裁裁决的执行申请43件，执行完毕14件，驳回申请2件。2017年之前的数据，相关公报中并未予以披露，总体上，

---

① 林俊益：《海峡两岸婚姻、继承问题之研究》，载《台湾台北地方法院士林分院82年度研究发展项目研究报告》，第418页。

② 参见厦门市中级人民法院民事裁定书，（2004）厦民认字第20号。

③ 参见厦门市中级人民法院民事裁定书，（2004）厦执行字第137号。

④《最高人民法院公报》，http://gongbao.court.gov.cn/ArticleList.html?serial_no=sftj，最后访问时间：2022年7月16日。

相较于香港、澳门仲裁裁决向内地法院申请认可和执行的数量，台湾仲裁裁决申请在大陆执行的数量是最少的。

② 台湾对大陆仲裁裁决认可与执行的总体情况

台湾地区第一例认可大陆仲裁裁决的案件是 2003 年台中地方法院认可中国国际经济贸易仲裁委员会作出的江苏国腾电子有限公司与坤福营造股份有限公司和上海海钰建筑工程公司之间纠纷的仲裁裁决。笔者通过台湾地区司法事务主管部门法学资料检索系统，检索 2019 至 2022 年台湾地区法院认可大陆仲裁裁决的情形，注意到近年台湾地区法院受理大陆仲裁裁决认可与执行案件虽然较少，但大陆仲裁裁决基本都得到台湾地区法院的认可[①]。

（2）大陆与台湾申请认可与执行仲裁裁决的注意点及建议

① 大陆与台湾缺少双边安排，单边立法模式受政策影响大

与香港、澳门不同，大陆与台湾之间并不存在互相认可和执行仲裁裁决的双边安排，而是两地各自以本法域的单边立法方式规范仲裁裁决的认可和执行。在大陆，至少有《认可台湾裁决规定》对申请执行台湾仲裁裁决有关事项进行相对全面的规定。在台湾，仅“两岸关系条例”第 74 条和“司法互助协议”第 10 条有对执行大陆仲裁裁决的宣示性规定，缺乏详细指引规定，几乎不具备任何实操性。同时，单边立法模式使得大陆与台湾关于互相认可和执行仲裁裁决的有关问题，如可申请执行仲裁裁决的范围、同时申请执行、执行保全、管辖法院等问题无法进行有效衔接，增加当事人申请执行仲裁裁决的困难和成本。另外，单边立法模式还容易受到影响，具有不稳定性。因此，希望尽快达成同一共识，加深对仲裁裁决互相认可和执行重要性的认

① 司法事务主管部门法学资料检查系统，https://law.judicial.gov.tw，最后访问时间：2022 年 7 月 18 日。

识，出台双边安排对大陆与台湾仲裁裁决的互相认可和执行进行规范。

②经认可的大陆仲裁裁决在台湾仅有执行力，无既判力

关于大陆仲裁裁决获得台湾地区法院认可后，兼具既判力和执行力还是仅具有执行力，台湾地区“高等法院”和台湾“最高法院”具有不同意见。在添进裕机械股份有限公司与广东深鼎律师事务所的仲裁纠纷一案中，台湾地区“高等法院”认为，大陆仲裁裁决经台湾地区法院裁定认可后，兼具既判力和执行力[①]。但台湾地区“最高法院”认为“对于在大陆地区作成之民事确定裁判、民事仲裁判断，特以非讼程序为认可裁定，并仅就以给付内容者，明定其有执行力，而未赋予实质确定力”[②]，最终判决原判决废弃，发回“高等法院”。也即对于给付之诉，台湾地区法院并不受一事不再理原则约束，当事人就同一纠纷在台湾起诉的，即使人民法院已作出判决，台湾地区法院仍可审理，甚至可能作出相反判决。这其实不利于在台湾申请执行大陆仲裁裁决的申请人，因为申请人还面临着被申请人在台湾再次起诉的风险，增加了大陆仲裁裁决获得认可与执行的不确定。因此，为减轻当事人的时间精力成本，促进仲裁裁决的最终执行，建议两地尽快达成双边安排，并就该事项作出有利于仲裁裁决执行的安排。

综上，通过上述内地与香港、内地与澳门、大陆与台湾之间仲裁裁决认可与执行的司法审查情况的分析与对比可知，除台湾地区法院会对大陆仲裁裁决进行实体审查外，内地与香港、内地与澳门之间互相认可和执行仲裁裁决的司法审查侧重形式审查，形式审查内容基本一致，并在内地以是否违反社会公共利益或基本原则，在香港、澳门、台湾则将是否违反公共政策或公共秩序作为司法审查的兜底条款。总

---

① 参见台湾地区“高等法院”101年度上字第1408号民事判决。

② 参见台湾地区“最高法院”104年度台上字第33号民事判决。

体上，各地法院均支持仲裁，尊重另一地的仲裁裁决，原则上都会认可另一地的仲裁裁决效力并予以执行。但申请认可和执行仲裁裁决过程中仍面临一些现实问题亟待解决，一方面是历史因素导致，另一方面是法律滞后所导致，目前内地与香港、内地与澳门已有双边安排，因此有必要在双边安排中就有关问题进行更新、完善以体现法律的与时俱进。同时，期待尽快达成共识，磋商认可和执行仲裁裁决的双边安排，来统筹规范仲裁裁决认可和执行的司法审查。

第五章　对仲裁临时措施的司法审查

（作者：胡晓峰）

一、仲裁临时措施概述

临时措施是商事仲裁制度中非常重要且不可或缺的一部分，不仅保证了仲裁程序的顺利推进，切实维护当事人的合法权利，给予当事人寻求仲裁的方式解决争议的信心基础和积极性；还是保证仲裁裁决有效执行的有力保障，是使商事仲裁制度充满活力和生机的保障条件之一。尤其在国际商事仲裁中，由于当事人分属不同国家且案情复杂，往往持续时间较长，临时措施的保障作用就体现得更为突出。临时措施从当事人申请到仲裁庭或法院审查阶段再到执行环节，法院在临时措施制度中承担的角色和发挥的作用不可忽视，本章节将重点围绕法院对仲裁临时措施的司法审查进行分析。

（一）临时措施的定义

仲裁的临时措施，在不同的国家、地区又被称为保全或临时救济措施或临时性保护措施，是指在仲裁程序开始之前或者仲裁程序中，临时措施申请人为保障其自身的某项权利免受不可挽回或不可补救的损失而向仲裁庭或者法院申请，仲裁庭或法院经审查后作出的命令、决定或裁定。[①]

① *See* Gary Born，INTERNATIONAL ARBITRATION: LAW AND PRACTICE（3th edition）.

（二）临时措施的种类

不同国家、地区对临时措施种类的区分离不开三大类，即对财产、证据和行为采取临时措施。[①] 而其中对财产采取临时措施是争议解决中最常见的临时措施，其主要目的是防止财产被恶意隐匿、变卖或转移，查封、冻结、扣押当事人的财物，为保护当事人利益提前做好准备。而对证据采取临时措施主要目的是防止证据毁损、灭失或以后难以取得，采取措施对证据进行保护以保证其证明力，保障仲裁程序正常进行。对行为采取临时措施的情形在实践中相较于财产临时措施和证据临时措施是少数，一般出现在特殊的商事纠纷中，目的是防止对方为或不为相关行为时给当事人造成更大的损失。

（三）临时措施的决定主体

临时措施的决定主体，在不同的国家和地区有不同的模式：第一种模式是"单轨制"，即临时措施审查权限专属于法院，只能由法院对临时措施进行审查，仲裁庭对此没有审查权限，如中国、奥地利、意大利等[②]。第二种模式是"双轨制"[③]，即仲裁庭和法院均有权对临时措施进行审查，并作出决定。这也是在国际仲裁中被普遍接受的模式。例如《国际商事仲裁示范法》第 9 条规定，"仲裁程序开始前或进行期间，当事一方请求法院采取临时保全措施和法院准予采取这种措施，均与仲裁协议不相抵触"；第 17 条规定，"除非当事方另有协议，仲裁庭经当事一方请求，可以命令当事任何一方就争议的标的采取仲裁庭

① 参见顾程：《国际商事仲裁中的临时措施研究》，苏州大学 2016 年硕士学位论文。

② 参见李海艳：《国际商事仲裁临时措施制度研究》，昆明理工大学 2020 年硕士学位论文。

③ 参见黄凯绅：《仲裁临时保全措施及法院本位主义：法制变革上的建议》，载《交大法学》2019 年第 3 期，第 148-150 页。

可能认为有必要的任何临时性保全措施。仲裁庭可以要求当事任何一方提供有关此种措施的适当担保”。由此可见，当事人拥有选择审查主体的权利。第三种模式则较为少见，即只允许仲裁庭有权审查临时措施申请，法院并无权限。[①] 这种模式反映了对法院管辖权的排除以及仲裁庭专属审查权限的高度集中。仲裁庭对临时措施排他性的管辖权虽然充分体现了仲裁当事人意思自治的基石以及仲裁保密性原则，但采取这种模式的国家是极少数的。

二、我国的仲裁临时措施及司法审查

（一）我国的仲裁临时措施及司法审查实践

1. 现行法律法规规定、仲裁规则

我国现行《民事诉讼法》和《仲裁法》规定了法院保全措施的制度。其中《民事诉讼法》第 104 条第 1 款规定：“利害关系人因情况紧急，不立即申请保全将会使其合法权益受到难以弥补的损害的，可以在提起诉讼或者申请仲裁前向被保全财产所在地、被申请人住所地或者对案件有管辖权的人民法院申请采取保全措施。申请人应当提供担保，不提供担保的，裁定驳回申请。”《仲裁法》赋予了当事人申请财产、证据保全的权利，但并未规定当事人有对行为申请保全的权利。另外，《仲裁法》还规定由仲裁委员会将当事人的申请依照《民事诉讼法》的规定提交人民法院进行审查。

中国国际经济贸易仲裁委员会、北京仲裁委员会、深圳国际仲裁院的仲裁规则对此也有类似规定，规定当事人依据中国法申请保全的，由仲裁委员会将当事人的保全申请转递给人民法院。仲裁委员会在其

① 参见苏语：《国际商事仲裁临时措施研究》，中国政法大学 2011 年硕士学位论文。

中只承担转递申请文件的角色。

2. 司法审查实践

（1）仲裁前的保全

虽然我国《民事诉讼法》明确规定当事人可以在申请仲裁前申请采取保全措施，但实践中，由于人民法院对仲裁前和仲裁中的保全申请的审查标准不同，仲裁前的保全申请情况极少。因为实务中，曾出现当事人滥用保全措施手段，随意甚至恶意申请保全，造成被保全人财产、证据减少甚至损失的不利后果，而当仲裁案件未经仲裁机构初步审查立案前，人民法院难以判断该仲裁案件的真实性，虽然《民事诉讼法》规定30日内需提起仲裁，但出于谨慎和保护当事人合法权益的考虑，人民法院对于仲裁前的保全申请极为谨慎，审查标准相较仲裁中的保全申请更为严格。

以北京金融法院一起仲裁前保全案件为例。2021年7月，北京金融法院作出了自建院以来首例仲裁前财产保全裁定。该仲裁前财产保全案件有其特殊情况，债权人众多，且债务人对外债务金额巨大，存在极大的转移、隐匿财产的风险，因情况紧急，不立即申请保全将会使当事人的合法权益受到难以弥补的损害。北京金融法院对该仲裁前保全案件的审查标准十分审慎，要求申请人着重说明保全的必要性和紧急性，严格估算拟被保全财产的价值，并要求申请人提供保全责任保险等。最后，在经过层层审查程序后，北京金融法院最终作出同意保全的裁定。由此可见，人民法院对仲裁前保全的司法审查相当严格和审慎。

（2）仲裁中的保全

除了仲裁前的保全，实务中，在仲裁过程中申请保全是更为普遍的做法。我国的仲裁临时措施制度采取的是单轨制，只有人民法院有专属审查保全措施申请的权限，仲裁机构在其中只是起着“转交”文件的作用，但这个“转交”文件职能不可忽视，正是经仲裁机构立案审查后，仲裁案件的真实性才能得到更高程度的保障，这也是前文所述仲裁前的保全比仲裁中的保全司法审查门槛更高的原因之一。

对于仲裁中保全的司法审查，在实践中，法院采纳的审查标准类比诉前保全的审查标准，即要求申请人充分说明保全的必要性和紧急性，例如被申请人涉诉或被执行案件众多、被列在限高消费名单中、曾有过隐匿或转移财产的动作等可以证明被申请人存在重大的隐匿或转移财产和证据的风险。另外，部分人民法院为尽量降低当事人不诚信适用保全制度或虚假仲裁的风险，还会要求当事人提供仲裁费、律师费、保全保险费的支付凭证或发票。总体来说，我国人民法院对仲裁保全既支持又审慎，一方面为商事仲裁的良性发展提供司法支持，另一方面为避免当事人钻规则空子、损害当事人的合法权益进行司法监督。司法审查的天平随着经济社会的发展现状、司法实践的变化会有所侧重，以保持仲裁稳定有序发展的总体平衡。

3.《仲裁法》的修法动向

实际上，我国现行《仲裁法》的规定在仲裁实践中遇到了一些问题：其一，仲裁机构转递当事人的仲裁申请至人民法院，在实践操作中会因为立案审查程序耽误一些时间，而往往当事人对保全的时效性需求是非常高的，如果不及时做好保全措施，被申请人一旦将财产转移或毁灭证据，即使申请人最后取得裁决胜诉结果，最后裁决也很可能沦为一纸空文。其二，现行《仲裁法》只规定了财产保全和证据保全两种临时措施，没有提及其他临时措施，例如行为保全，导致在实践中当事人希望申请其他临时措施缺乏法律依据。其三，法院并不是审理案件实体问题的审判机构，就是否有必要进行保全这一问题，可能不如仲裁庭有发言权。

经过仲裁法几十年的实践，众多学者、仲裁从业者提出我国的仲裁发展应接轨国际通行做法，赋予仲裁庭审查临时措施申请并作出决定的权力。2021 年，司法部公布《仲裁法（修订）（征求意见稿）》（以下简称《仲裁法修订稿》)，《仲裁法修订稿》赋予了当事人选择仲裁庭或法院申请临时措施的权利，其第 43 条第 1 款规定："当事人在仲裁程序进行前或者进行期间，为了保障仲裁程序的进行、查明争议事实或者裁决执行，可以请求人民法院或者仲裁庭采取与争议标的相关的临时性、紧急性措施。"该条文的变化包含两大方面的内容：一是打破现行《仲裁法》对临时措施类型的限制，即目前仅有的财产保全和证据保全；二是采取法院和仲裁庭审查"双轨制"。这一修订变化引起仲裁界的广泛讨论，有学者表示纵然目前我国采取的"单轨制"有其弊端，但根据目前的仲裁发展现状，临时措施制度改革不宜一步到位。

笔者认为，由仲裁庭对临时措施申请进行审查并作出决定，有利于提高仲裁效率，促进我国商事仲裁国际化发展，但仍需考虑我国目前仲裁发展存在地区发展不平衡、仲裁员队伍素质不平衡的问题；在逐步优化、解决发展不平衡的问题期间，增加仲裁机构作为审查主体作为过渡和缓冲地带，采取对临时措施司法审查与仲裁机构内部审查的并行方式，待我国仲裁发展趋向更成熟之际再过渡到司法审查和仲裁庭审查的"双轨制"，或许更能适应我国特色社会主义国情。

（二）我国港澳特别行政区的仲裁临时措施及司法审查

1. 内地与香港关于两地仲裁保全的安排

2019 年 4 月 2 日，《最高人民法院关于内地与香港特别行政区法院就仲裁程序相互协助保全的安排》（以下简称《内地与香港的仲裁保全安排》）由最高人民法院与香港特别行政区政府签署，并自2019年10月1日起生效。《内地与香港的仲裁保全安排》对保全的范围、申请保全的程序、两地法院之间的转递等作了规定，直接明确了香港仲裁程序当事人可以向内地法院申请保全，对于两地临时措施的申请和执行具有重大意义。如今粤港澳大湾区的发展势头迅猛，香港与内地的经济往来愈加频繁，相应的法律保障措施也逐步到位。

该安排规定香港仲裁程序的当事人可以参照现行《民事诉讼法》《仲裁法》及相关司法解释的规定，选择一个内地有管辖权的中级人民法院申请保全。若当事人在香港仲裁机构或者常设办事处受理仲裁申请后提出保全申请的，由该机构或常设办事处传递其申请。《内地与香港的仲裁保全安排》对保全管辖法院作了与《民事诉讼法》《仲裁法》稍有不同的规定，明确了保全的范围包括财产保全、证据保全和行为保全，并限定在中级人民法院且只能向一个有管辖权的法院申请保全。从中级人民法院对香港仲裁程序当事人的保全申请司法审查的案件看，人民法院从受理、审查以及作出保全裁定的效率相较以往有所提高。例如，某香港有限公司于2019年10月2日向香港国际仲裁中心申请财产保全，冻结被申请人大额财产，北京市第三中级人民法院于2019年10月30日即作出保全裁定书。可见，在司法审查标准不变的前提下，该安排有利于促进内地与香港保全措施程序的顺利进行，有效保护当事人的合法权益。

相应地，根据《内地与香港的仲裁保全安排》的规定，内地仲裁机构管理的仲裁程序当事人，可以依据香港《仲裁条例》《高等法院条例》，直接向香港特别行政区高等法院申请保全，无须经过内地仲裁机构转递申请材料的方式。[①]

2. 内地与澳门关于两地仲裁保全的安排

2022 年 2 月 24 日，最高人民法院公布了《最高人民法院关于内地与澳门特别行政区就仲裁程序相互协助保全的安排》(以下简称《内地与澳门的仲裁保全安排》)。与《内地与香港的仲裁保全安排》类似，《内地与澳门的仲裁保全安排》赋予了澳门仲裁程序当事人向内地人民法院提出包括财产保全、证据保全、行为保全在内的保全申请的权利，不同的是对于仲裁中的保全，澳门仲裁程序当事人可以直接向内地人民法院申请保全，未要求由澳门仲裁机构转递材料。而依据《澳门仲裁法》，在仲裁程序开始前或进行期间，当事人可以向澳门初级法院申请采取保全措施。

三、境外仲裁临时措施及司法审查

如上文所述，国际上大部分国家采用的临时措施审查形式是“双轨制”，即法院和仲裁庭均有权审查并发布临时措施。以下列举几个典型国家在仲裁临时措施制度方面的司法审查要点。

（一）德国

德国在仲裁临时措施方面的法律规定分布于《德国民事诉讼法典》的不同章节，其中该法典的第四章中的第 1041 条“临时法律保护措施”和第二章“仲裁协议”中的第 1033 条“仲裁协议和法院采取的临时措施”分别规定仲裁庭和法院都可以采取临时措施。由此说明德国

---

① 参见高杨:《中国法下仲裁保全和临时措施制度之研究：现状、问题及新发展》，载《北京仲裁》2021 年第 2 期。

采取的是“双轨制”模式。[①]

《德国民事诉讼法典》第 1041 条内容如下：

1. 除当事人另有约定的以外，仲裁庭可以根据一方当事人的申请，就争议标的物下令采取其认为必要的临时或保全措施。仲裁庭可以要求任何一方当事人提供与该措施相适应的担保。

2. 除已经向法院申请了相应的临时法律保护措施的以外，法院可以根据一方当事人的申请准许执行本条第 1 款中的措施。对于措施执行是必要的情况下，法院可以发布不同的命令。

3. 根据申请，法院可以撤销或修改依据第 2 款作出的裁定。

4. 根据第 1 款采取措施的命令从一开始就被证明是不公正的，则已经获得命令执行的一方当事人，有义务赔偿对方因执行该措施或为了避免执行而提供担保所遭受的损害。请求可以在仲裁程序结束前提出。

由上述条文可知，德国对于临时措施以双方当事人意思自治为前提，一方面赋予了仲裁庭发布临时措施的权力，另一方面法院在临时措施制度中承担司法协助和司法监督的角色。法院对临时措施的司法审查主要体现在两个方面：其一，对仲裁庭发布的临时措施的审查，即法院可以纠正已经作出的不公平或不合理的临时措施执行裁定。其二，是对临时措施执行的审查，即法院可经过审查准许或拒绝执行仲裁庭发布的临时措施，并有权力要求当事人提供相应的担保。这是德国法院对于仲裁庭作出的临时措施决定的司法审查。

而《德国民事诉讼法典》第 1033 条则是单独规定法院对临时措施申请的司法审查法律依据，即“仲裁协议不得排除，在仲裁程序开始

---

① 参见韩赤风：《德国仲裁临时措施制度及其借鉴》，载《商事仲裁与调解》2021 年第 3 期，第 35-39 页。

前或开始后，法院应一方当事人的申请对仲裁的标的物采取临时或保全措施”。根据该规定，在仲裁协议排除临时措施的适用或者在仲裁庭拒绝临时措施申请的情况下，依一方申请，法院仍可就临时措施申请进行审查，并采取临时措施。该条规定实质上是法院对于临时措施审查的兜底，从法律层面上最大程度地保护当事人采取临时措施的权利。

《德国民事诉讼法典》短短两个条文对仲裁临时措施制度的概括规定能看出德国立法者的巧妙精心设计，既赋予了仲裁庭直接审查临时措施申请的权力，为了防止仲裁庭在临时措施中出现错误，又加入了法院直接审查当事人临时措施的申请、审查仲裁庭作出的临时措施、审查仲裁庭作出的临时措施的执行，多层次、多方位为临时措施制度的实施进行保驾护航。

（二）美国

在美国，临时措施制度采用的也是“双轨制”，临时措施的申请人可以向仲裁庭或联邦法院、州法院进行申请。美国的仲裁制度主要体现在《联邦仲裁法》中，仲裁地在美国的国际以及绝大部分国内仲裁案件均可适用《联邦仲裁法》。美国 50 个州有其自己的仲裁法，主要规定《联邦仲裁法》中未规定的内容。在实践中，美国有些州法院认为若选择用仲裁处理争议，并受《纽约公约》管辖，那么法院就没有发布临时措施的权力。然而普遍观点认为，根据《联邦仲裁法》，法院可以在仲裁裁决作出前发布临时措施。[①] 而实践中，仲裁临时措施在美国各个州法院的执行实际情况各不相同。

---

① *See*，Interim，Provisional and Conservatory Measures in US Arbitration，Practice Law，https://nysba.org/NYSBA/Sections/Commercial%20Federal%20Litigation/Materials/DRS_FED%20Joint/Practical%20Law%20Report%20re%20Interim，%20Provisional%20and%20Conservatory%20Measures%20in%20US%20Arbitration.pdf.

在仲裁员被选定和被授权前，为保护仲裁程序的效率，当事人可向法院申请发布采取临时救济的命令；仲裁员被指定和授权后，由仲裁员发布采取临时救济措施的命令，以保护仲裁程序的效率及争议解决的速度和公正性；在情况紧急而仲裁员不能及时行事或仲裁员无法提供足够救济的前提下，一方当事人可向法院申请采取临时救济措施。

而美国法院对临时措施的司法审查标准和考查维度与中国法院的审查标准有较大的区别，如上文分析中国法院主要侧重于考量保全措施的必要性和紧急性，被申请人隐匿、转移财产或毁损证据、证据灭失的潜在风险系数，而不审查实体法律问题。美国法院则将实体法律纳入审查范围之一，即该案的实质性法律问题是否具有胜诉的可能。虽然如此，美国法院实质上在此方面的介入并没有很深入，只是从概率性判断胜诉的可能性，而不是越俎代庖地代替仲裁庭的角色。这一审查维度更多是为了保护被申请人的财产、证据等不因无任何胜诉希望的仲裁案件而遭受损害。美国法院还会衡量双方当事人哪方会因为没有临时措施而遭受更大的困难，以及审查该临时措施有无违背公共利益等。

美国各巡回法院对临时措施的司法审查标准适用虽略有不同，但基本围绕上述几点进行审查。在 Benihana，Inc. v. Benihana of Tokyo，LLC 一案[①]中，美国第二巡回法院认为原告需要证明：其一，该案件的实质性法律问题是否具有胜诉的可能；其二，如果临时措施不被准许，原告是否将受到不可挽回的损失；其三，相对于原告，被告因临时措施受到的困难是否更大；其四，临时措施是否违背公共利益。各巡回法院根据各案的实际情况不同，对每个标准审查的侧重点会有所不同。

---

① 参见广州仲裁委员会:《境外法律实务——仲裁制度中临时措施的域外考察》，载广州仲裁委员会微信公众号，2021 年 1 月 27 日。

（三）法国

法国与德国相似，没有制定单行的仲裁法，与仲裁临时措施相关的法律规定也是体现在《法国民事诉讼法典》中。《法国民事诉讼法典》中的仲裁卷同样赋予了法院和仲裁庭发布临时措施的权力，采用的同样是“双轨制”模式。[①]

《法国民事诉讼法典》第1449条规定，在当事人之间存在仲裁协议的情况下，一方可以在仲裁庭组建之前，向法院申请发布临时措施。特别是，法国法院对于查封措施、司法保全措施具有专属管辖权，即无论仲裁庭是否组成，法院对这两种临时措施有排他的管辖权，而且还可以视情况对仲裁程序的第三方发布临时措施。

《法国民事诉讼法典》第1468条明确规定，仲裁庭有权对当事人采取任何其认为恰当的临时措施，必要时还可以附加罚金以保障临时措施得以有效履行。与法院的专属管辖不同的是，仲裁庭对于临时措施的发布对象仅限于仲裁当事人，不能对第三方作出临时措施。在法国法中，法院对临时措施的司法审查权主要是为了填补仲裁庭组成之前的空白，相当于仲裁前的保全。而当仲裁庭组成后，除了上述提到的两种临时措施外，临时措施的审查权限回归至仲裁庭中。可见法国的临时措施制度与美国类似，主要以仲裁庭为主、法院为辅，但法国法院对于特定仲裁临时措施具有专属的审查权限。

① 参见吴建安、秦诗聪等:《法国法视角下国际仲裁案件中临时措施的发布与执行》，载德恒律师事务所微信公众号，2022年7月21日。

四、紧急仲裁员制度

（一）紧急仲裁员制度的定义、概述

紧急仲裁员制度，顾名思义，是指商事仲裁中，在仲裁庭成立之前，基于紧急情况，一方当事人申请适用紧急仲裁员程序，申请仲裁机构指定紧急仲裁员，就当事人在证据、财产或行为上的紧急情况采取临时性救济措施的制度。[①] 在中国仲裁法实践中，囿于现行法律规定，仲裁庭无审查临时措施申请的权限，而为适应国际仲裁的发展，我国几大仲裁机构引入了紧急仲裁员制度以弥补这一空白。例如，中国国际经济贸易仲裁委员会于2015年实施的仲裁规则中加入了独立的紧急仲裁员程序，北京仲裁委员会将紧急仲裁员制度融入其仲裁规则第八章“国际商事仲裁的特别规定”中。

紧急仲裁员制度作为一项适应国际商事发展的新制度，是仲裁庭组成前的特殊救济手段，增加了当事人申请临时救济的渠道。根据中国仲裁法实践情况，中国各大仲裁机构纳入紧急仲裁员制度更多是出于制度前瞻性和先进性的考虑，中国仲裁程序当事人适用紧急仲裁员程序的情况较少。北京仲裁委员会曾于2017年受理了我国内地首例适用紧急仲裁员程序的仲裁案件。[②] 该案申请人最后凭借北京仲裁委员会紧急仲裁员作出的临时措施在香港顺利获得香港法院的执行命令。由此可见，虽然紧急仲裁员程序在我国的实践不多，但确实给当事人

---

① 参见赵巍键:《紧急仲裁员制度之浅探》，载《法制与社会》2015年第26期，第32–33页。

② 参见许捷:《紧急仲裁员仲裁程序及临时措施在内地的实践》，载商事仲裁研究微信公众号，2022年3月24日。

在国际仲裁中提供了一套可行的临时措施解决方案，有其不可或缺的作用。

（二）紧急仲裁员制度的特殊之处

从中国国际经济贸易仲裁委员会仲裁规则附件三的紧急仲裁员程序设置看，实际上紧急仲裁员程序是一个迷你版的仲裁程序。从紧急仲裁员程序的申请，到紧急仲裁员的指定、披露、回避，到紧急仲裁员采用合理方式基于当事人合理陈述后作出紧急性临时救济决定，一般的仲裁程序所必备的环节在紧急仲裁员程序中一个不缺，只是各个环节的期间相应缩短以适应情况紧急的需要。北京仲裁委员会虽然没有将紧急仲裁员制度通过单章的方式规定在其仲裁规则中，但其条文规定的内容也相差不远。

从可采取临时措施的种类看，各大仲裁机构的仲裁规则并没有限定紧急仲裁员可采取的临时措施种类，从这个方面来说，紧急仲裁员作出的紧急临时救济措施涵盖的范围比在法律规定框架下可允许采取的临时措施范围广。

从审查结果的形式看，紧急仲裁员作出的临时措施究竟是决定还是裁决，是否有强制执行力，目前在不同的国家有不同的观点，司法实践也不尽相同。以我国两大仲裁机构为例，中国国际经济贸易仲裁委员会的紧急仲裁员程序明确规定，紧急仲裁员作出的是决定，但对双方当事人具有约束力，可以依据执行地国家或地区有关法律规定向有管辖权的法院申请强制执行。而北京仲裁委员会的仲裁规则直接明确规定紧急仲裁员可作出相关决定、指令或裁决，但并未直接规定其强制执行力。

（三）紧急仲裁员决定的司法审查

紧急仲裁员作出的无论称为决定、指令还是裁决，其是否有强制执行力，与一国法律制度下对临时措施的发布主体的规定有紧密关系。虽然紧急仲裁员决定对当事人均有约束力，但对后组成的仲裁庭没有约束力，仲裁庭有修改、撤销、中止紧急仲裁员决定的权力。也就是说，在紧急仲裁员作出的决定进入司法审查环节之前，其效力状态实际上未能确定。另外，主流观点认为紧急仲裁员决定不构成裁决，无法依据《纽约公约》得以执行。但也有部分国家和地区明确立法支持紧急仲裁员决定执行，如新加坡、我国香港特别行政区、澳大利亚等。新加坡在2012年通过了《国际仲裁法》的修正案，“紧急仲裁员”被纳入“仲裁庭”的范围，进而紧急仲裁员所作的决定就可以适用《国际仲裁法》关于仲裁庭发布临时措施的执行效力条款，即经新加坡高等法院审查获得许可后，紧急仲裁员所作的决定应获得与法院作出的临时措施命令同等的执行效力。可见，新加坡对于紧急仲裁员作出的决定给予了明确的司法支持。而在我国香港特别行政区，香港《仲裁条例》修正案将紧急仲裁员决定的救济措施归入其中，规定紧急仲裁员作出的紧急救济措施与法院的命令具有同等效力，在经过法院审查许可后，可以得到强制执行。由此可见，法院在紧急仲裁员制度下的作用主要还是体现在各个国家、地区的法律是否赋予了紧急仲裁员决定的可执行性，在法律明确规定其可强制执行时，才会落入执行法院的司法审查范畴中。因此，当事人在考虑适用紧急仲裁员程序时，除了应考虑紧急仲裁员制度的具体适用程序，还要考虑紧急仲裁员作出的决定能否在执行地法院进行司法审查，获得强制执行。

五、总结

对仲裁临时措施的司法审查看似是仲裁程序中的一个小环节且容易被忽略，但是对仲裁临时措施进行司法审查实际上是临时措施程序的最后一道门槛。法院无论是对临时措施申请本身进行审查还是对仲裁庭作出的临时措施决定进行执行审查，都对临时措施能否获得最终执行产生重要影响。当前，我国的仲裁临时措施制度有其存在的合理性，也有制度上的缺陷，需要跟上国际仲裁发展的步伐，在结合中国国情的前提下，参考其他在临时措施制度方面发展相对成熟的国家和地区的做法，逐步将法院专属的审查权限分一部分转移到仲裁庭的手中，充分尊重仲裁庭的独立自主能力和专业判断，尊重选择仲裁作为争议解决方式的当事人的意思自治，让司法权和仲裁庭自主权获得相对平衡。

后　记

作者：杨元庆

仲裁的发展历久弥新，需要我们持续关注和学习最新的发展动态，本书的研究成果是对仲裁司法审查这一重要环节的思考、回应和探讨。

近年来，中国法律环境的持续优化和国际化水平的提升，为中国仲裁的发展注入了新的动力。中国仲裁机构的专业化水平不断提高，仲裁员队伍的能力也不断提升。与此同时，随着经济发展，交易不断创新，交易结构日益复杂，国际仲裁在制度提供方面也在不断融合和发展，合并仲裁、紧急仲裁员制度、供应链仲裁、早期驳回制度等不断涌现和发展。面对这一新的局面，需要保持开放的心态，积极吸纳和借鉴国际上的仲裁先进经验，不断提升自身的竞争力。同时，也要深入研究国际仲裁制度的发展趋势和规律，加强国际交流与合作，为中国仲裁注入更多的智慧和动力。

仲裁的司法监督是仲裁品控的最后关键一环，如何平衡好支持仲裁与保护当事人的合理期待和申辩权利至关重要。支持仲裁，才能促进诉源治理，通过专业人士的高效工作提供定纷止争的公共产品；保护当事人的合理期待和申辩权利，才能使当事人始终保有对仲裁公信力的信心。

本书围绕着仲裁司法审查这一商事仲裁领域中至关重要的环节展

开了深入研究与探讨。在撰写本书的过程中，我们深深感受到了仲裁的广阔前景以及司法界在推动仲裁司法审查进步方面的共同努力。通过对境内外仲裁司法审查实践的比较与分析，我们深刻领会了中国特色仲裁司法审查的东方智慧，并认识到了司法与仲裁之间良性互动的积极意义。值此我国《仲裁法》颁布三十周年、北京市华贸硅谷律师事务所成立三十周年之际，本书的出版承载着更多的期待与责任。我们希望本书能为推动我国仲裁司法审查的进一步发展以及《仲裁法》的修订贡献一份力量。同时，我们也期待本书能够成为未来仲裁法研究和实践的重要参考，为构建更加友好、公正的仲裁法治环境贡献智慧和力量。

最后，与如此优秀的课题组成员合作并向他们学习是我个人的荣耀，也对所有关心、支持和参与本书出版的人士表示衷心的感谢与敬意！愿我们共同努力，为仲裁事业的蓬勃发展贡献更多的力量！

中国仲裁法学研究会

贸促仲法〔2023〕1020号

课题研究结题证明

张丽霞主任:

您牵头承担的中国仲裁法学研究会2022年度重点研究课题《仲裁司法审查研究》,经专家评审,在中国仲裁法学研究会2022年年会上获得优秀重点研究课题奖,准予结题。

课题组成员(排名不分先后):

姓名	工作单位及职务
张丽霞	中国仲裁法学研究会副会长 北京市华贸硅谷律师事务所创始合伙人、主任
田锐华	中国仲裁法学研究会理事 北京市华贸硅谷律师事务所创始合伙人、执行主任
许茹英	澳门科技大学法学院博士研究生 北京市华贸硅谷律师事务所合伙人、主任助理
薛源	对外经济贸易大学法学院教授
章杰超	中国人民大学国际仲裁研究所研究员
王瑛	中央民族大学法学院副教授
沈健	中央财经大学教务处副处长、法学院副教授
杨元庆	北京市华贸硅谷律师事务所合伙人、副主任
李灵	北京市华贸硅谷律师事务所合伙人、副主任
姚宇	中国人民大学法学院博士研究生 北京市华贸硅谷律师事务所顾问
李沐泽	北京市华贸硅谷律师事务所合伙人
张信	北京市华贸硅谷律师事务所律师
顾春香	北京市华贸硅谷律师事务所律师
胡晓峰	北京市华贸硅谷律师事务所实习律师

中国仲裁法学研究会

2023年2月1日